基于信息技术的大学日语教学创新探究

JIYU XINXI JISHU DE DAXUE RIYU JIAOXUE CHUANGXIN TANJIU

马永奇 著

西安交通大学出版社
XI'AN JIAOTONG UNIVERSITY PRESS

图书在版编目(CIP)数据

基于信息技术的大学日语教学创新探究 / 马永奇著.— 西安：西安交通大学出版社，2023.12

ISBN 978-7-5693-3432-6

Ⅰ.①基… Ⅱ.①马… Ⅲ.①日语一教学研究一高等学校 Ⅳ.①H369.3

中国国家版本馆 CIP 数据核字(2023)第 175639 号

基于信息技术的大学日语教学创新探究

JIYU XINXI JISHU DE DAXUE RIYU JIAOXUE CHUANGXIN TANJIU

著　　者　马永奇
责任编辑　牛瑞鑫
责任校对　李　蕊
封面设计　任加盟

出版发行　西安交通大学出版社
（西安市兴庆南路 1 号　邮政编码 710048）
网　　址　http://www.xjtupress.com
电　　话　(029)82668357　82667874(市场营销中心)
(029)82668315(总编办)
传　　真　(029)82668280
印　　刷　西安五星印刷有限公司

开　　本　700mm×1000mm　1/16　**印张** 6.625　**字数** 120 千字
版次印次　2023 年 12 月第 1 版　2024 年 5 月第 1 次印刷
书　　号　ISBN 978-7-5693-3432-6
定　　价　88.00 元

如发现印装质量问题，请与本社市场营销中心联系。
订购热线:(029)82665248　(029)82667874
投稿热线:(029)82665371

前 言

中国与日本有着悠久的交流史，尤其是在唐朝，中国文化被大量地引入日本，这一方面促成了中国文化的海外传播，另一方面也充实了日本文化。中日文化的交流尽管在某一时期受到了严重的阻碍，但从整体上来看，交流的态势是好的。今天，中国已经成为世界第二大经济体，经济发展水平显著提高，在这种背景下，世界上许多国家的企业都纷纷在中国“扎根”，日本企业也不例外。日本企业在中国的发展需要大量的日语人才，而高校就是向社会输出日语人才的主阵地。当前，大学日语教学的发展并不顺利，存在不少问题，高校应努力解决现阶段日语教学存在的问题，以社会对日语人才的要求为基础，在把握日语教学规律的前提下，创新日语教学。

现在，人类已经进入信息时代，信息技术渗透在人类生活的方方面面，教育领域也出现了信息技术的“身影”。信息技术与教育的结合使教育开始向着教育信息化的方向发展。在教育信息化发展背景下，高校应该突破传统发展思维，引入信息技术，探索多样的教学模式，从而为大学日语教学注入新鲜力量，甚至，基于信息技术的日语教学应该成为目前高校教学工作的重点内容之一。

信息技术在大学日语教学中的应用具有积极意义。首先，信息技术能为大学日语教学提供大量的资源。教学资源是开展日语教学活动的基础，日语教师依托互联网平台可以收集大量的教学资源。在实际的教学中，教师可以根据教学内容选择合理的资源，从而使教学具有针对性，保证教学的有效性。其次，信息技术能显著提高日语教学的效率。在课堂上，教师可以利用多媒体教学方式激发学生的学习积极性，使其自觉配合教师的教学。同时，教师还可以利用利用移动平台实现日语知识的快速、实时传递。最后，信息技术还能使学生认识自己的学习实际，探索适合自己的日语学习方式。过去，学生的日语学习只能依靠教材与教师，学生很难在学习中具有很大的自主性。在信息技术时代，学生在日语教学中的主体地位得以确立，即使没有教师的指导，他们也能利用互联网平台收集日语学习资源，丰富自己的日语知识。久而久之，学生就能了解自己适合怎样的学习方式，也能养成良好的日语学习习惯。

基于大学日语教学存在的问题以及信息技术在大学日语教学中的积极作用，作者在总结前人优秀研究成果及自身丰富教学经验的基础上，对基于信息技术的大学日语教学创新问题进行了探究。本书共分为五章，第一章介绍了大学日语教学基础知识，揭示了当前大学日语教学存在的问题。第二章分析了基于信息技术的日语教学形成的现实背景，总结了基于信息技术的日语教学的理论。第三章探讨了信息技术与大学日语教学的融合问题，分别从多媒体技术与大学日语教学的融合、云计算技术与大学日语教学的融合、人工智能技术与大学日语教学的融合三个方面详细展开。第四章与第五章从大学日语教学模式与大学日语教学保障两个方面论述了基于信息技术的大学日语教学创新问题。

本书结构清晰，内容丰富，以中国教育信息化的发展为背景，全面探讨了基于信息技术的大学日语教学问题，以期为大学日语教学改革贡献力量。由于时间仓促及作者水平有限，书中难免有不当之处，恳请各位读者批评指正。

目 录

第一章 大学日语教学概述 …………………………………… (1)
第一节 大学日语教学基础理论阐释 …………………………… (1)
第二节 大学日语教学原则探究 ……………………………… (8)
第三节 大学日语教学现状及问题梳理 ………………………… (16)
第二章 基于信息技术的日语教学的现实背景与理论支撑 ……… (20)
第一节 信息技术概述 ………………………………………… (20)
第二节 教育信息化改革的背景 ……………………………… (24)
第三节 信息技术与课程整合理论 …………………………… (29)
第四节 移动学习理论 ………………………………………… (34)
第三章 信息技术与大学日语教学的融合 …………………… (42)
第一节 多媒体技术与大学日语教学的融合 ………………… (42)
第二节 云计算技术与大学日语教学的融合 ………………… (48)
第三节 人工智能技术与大学日语教学的融合 ……………… (54)
第四章 信息技术催生的大学日语教学新模式 ……………… (59)
第一节 翻转课堂教学模式 …………………………………… (59)
第二节 智慧课堂教学模式 …………………………………… (66)
第三节 慕课教学模式 ………………………………………… (70)
第四节 混合式教学模式 ……………………………………… (75)
第五章 基于信息技术的大学日语教学的创新保障 ………… (79)
第一节 教学平台保障 ………………………………………… (79)
第二节 教学资源保障 ………………………………………… (87)
第三节 教师保障 ……………………………………………… (92)
参考文献 …………………………………………………………… (97)

第一章 大学日语教学概述

高校是为社会培养人才的基地，但现在高校的人才培养模式已经不能满足现代社会发展的需要。正是因为如此，高校都在积极探索教学改革。日语作为一个小语种学科，其传统人才培养模式也已不能满足现代社会对日语人才的需求，因此必须根据社会需要，改变人才培养模式，建立一种新型的日语教学模式，培养社会需要的应用型高级技术人才。本章对大学日语教学基础知识进行了简要分析与探讨。

第一节 大学日语教学基础理论阐释

一、合作学习理论

(一)合作学习理论概述

虽然合作学习思想由来已久，但合作学习理论的提出相对较晚。美国是最早研究和实践合作学习理论的国家，合作学习相关的教学方法、教学理论和技法比较多样。我国的合作学习理论研究可追溯至 20 世纪 90 年代，相关理论和实践较不成熟。合作学习理论以合作学习小组为单位进行，小组内成员的性别、年龄、观念等存在一定的差异，组员是具备不同特征的独立个体。在合作学习模式下，小组成员可以交换彼此的观点，在一致目标的驱动下互利互助。

合作学习也称协作学习，指在小组内共同学习、相互促进、共同提高的一种教学理论和策略。[①] 可以认为，合作学习理论的本质是以促进学习质量提高为目的人与人之间互惠互利关系的构建。其实，合作学习的真正目的和意义是通过合作的形式促进个体的发展，所以合作只是媒介，并不是为了合作而合作。[②]

(二)合作学习理论在大学日语教学中应用的意义

1. 能够端正学生态度并提高学习兴趣

兴趣在认知情绪体验得到满足的基础上产生，是内在认知和探索的心理驱动力。确保大学生有较强的日语学习兴趣是保证学生积极参与日语知识学习、积极参与日语活动的关键，能够促使学生逐步形成较强的日语学习动机和日语学习习惯。将大学日语教学与合作学习理论融合，能够为学生兴趣的培养提供坚实的心理基础。在良性的协作交流和讨论氛围中，学生更能够彰显自己的能力，体会成功的喜悦，从而感知自身的价值。这不仅可以涵养学生的日语学习兴趣，还能够使之逐步强化和提升，使学生拥有积极向上的良好心态，养成并维持良好的日语学习习惯，进而对其日语素质发展产生积极的影响。

2. 能够有效提升学生的日语综合能力

首先，合作学习理论的应用能够帮助学生提高日语交流能力。合作学习的展开需要通过小组内成员的交流讨论来实现。组内成员通过交流来表达个人思想、认识、情感。这一方面能够帮助学生构建互助合作关系，另一方面能够激发学生提出不同的观点，有利于提高学生的日语学习活动质量，发展学生的日语交流合作能力。其次，合作学习理论的应用能够帮助学生提高解决日语问题的能力。解决日语问题是一个比较复杂的过程，学生首先需要具备良好的日语认知结构，要能够对问题进行研究并将之合理地融入自身的知识体系，做到活学活用。合作学习模式能够促进学生学以致用，将理论运用于实践，有利于提高学生的学习主动性，增强学生解决问题的能力，并帮助学生发展综合素质。

---

①余静颖. 日语写作教师在合作学习中的身份转变及适应[J]. 长江丛刊，2021(5)：113 - 115.

②钱燕军，裘春艳. 合作学习再探[J]. 文教资料，2022(21)：138 - 142.

(三)合作学习理论在大学日语教学中应用的方法

合作学习以不少于两个学生为单位构建学习小组，组内成员通过交流沟通解决实际的学习问题，是一种非常适合大学日语教学的教学形式。在合作学习理论教学模式下，教学的核心从教育者转向学生，学生的学习主动性得以突显，学生会对日语学习更感兴趣。日语教学也可以有效地突破课堂而覆盖至课堂之外，从而提高教育的实效性，并推动日语教学的整体良性发展。合作学习理论的应用需要遵循一定的程序和方法，教育者在使用合作学习理论展开大学日语教学时，应该注意以下几点。

1. 科学制定小组研究课题

研究课题直接影响合作学习展开的效果，因此，在开展合作学习教学时，教育者需根据教材单元话题，科学制定小组研究课题，即合作学习的目标。合作学习目标应该有多样的形式、同样的目的，要具备挑战性和趣味性，要使单个学生难以达成，必须各成员齐心协力才能完成。只有科学制定合作学习的目标，才能够更好地激发学生参与合作学习的热情，才能够保证组员信息交接，进而全面认识研究课题本质。

2. 合理构建合作学习小组

同一个班级内学生的日语水平、学习风格等不尽相同，为了确保合作学习模式充分发挥优势，教师应基于学生的实际情况对学生进行科学分组。要确保不同小组之中都包含高、中、低日语水平的学生，组员之间能够形成性格互补。与此同时，教师应辅助各个小组积极选派小组组长，辅助教师完成合作学习，主持小组内各项活动。

3. 创设学生互动学习情境

合作学习通过组员之间的交流讨论来实现，因此了解小组成员，尊重并信赖小组成员是互助学习的基础和保障。因此，教师应积极为学生创设互相学习的场景，让学生通过交流构建良好的人际关系。与此同时，合作小组内成员之间除了协作关系之外，还应该有竞争关系，既要能够分享知识还要能够彼此竞争。小组内的竞争有利于驱动组员自主优化素质，进而推动小组整体发展。例如，在落实日语写作教学时，教师提供了小组研究课题，帮助学生组建了合作学习小组，学生很快进入互动学习情境。通过自由讨论的方式，小组成员可以互相交流写作思想、确定写作主题等，进而有效解决日语行文难的问题。

4. 积极评价合作学习效果

教学评价能够帮助教师了解教学中的不足，能够帮助学生有针对性地提高个人素质。对于合作学习而言，教学评价同样重要。由于当前阶段我国高校的日语教学评价以考试成绩、日常表现为主，评价较为片面。因此，教师应积极优化教学评价，在其中融入学生互评、学生自评等，运用多角度评价消除传统教学评价的片面性，以便优化教学。

综上所述，大学日语教育的目标一般有两个：一是为学生提供良好的学习环境，提高学生的日语应用能力；二是帮助学生掌握丰富的社会技能，进而适应社会发展的需要。合作学习理论的应用能够推动大学日语教育并促成上述两个目标的实现。然而从全局角度来看，我国的合作学习教育仍处于实践探索阶段，这无疑会影响合作学习的应用效果，如影响学生学习的独立性，影响教学任务的完成效率等。广大教育者应深入钻研合作学习模式，科学利用合作学习优化日语教学。相信通过不懈的努力，合作学习模式的应用问题一定能够被妥善解决，大学日语教学中的合作学习理论一定能够推动大学日语教育良性发展并有效夯实我国大学生的日语语言基础，为其成为优质的日语人才保驾护航。

二、二语习得理论

(一)二语习得理论概述

目前对我国二外教学影响最深的当属克拉申的二语习得理论。克拉申的二语习得理论将二语习得过程分为两个步骤：第一步是“习”；第二步是“得”。“习”，一般理解为学习的过程，即学习者通过与外界进行交流和沟通，顺畅地学习并掌握某种语言的过程。在这一过程中，学习者并没有发挥主观能动性，而是处在一种有意识地理解的状态。许多研究发现，在二外学习过程中，“习得”方式的学习效果优于“学习”方式的学习效果。掌握一门语言是有一定先后顺序的，这与二外课堂上教师的顺序教学不存在相关关系。对于我国的日语教学来说，适当运用“二语习得理论”具有很重要的指导意义。这不仅能够促进我国日语教学水平的提高，也能为其他国家的语言教学提供相应的教学模型。

(二)二语习得理论在高校日语教学中的应用策略

1. 提升学生的语言输出能力

语言输出能力是学习者能够将所学的语言知识进行输出并与他人交流的能力，指学习者能利用所学的知识，用某种语言进行口头表达或者书写。语言输出就是学习外语的最终目的。语言输出是学习者不断检测和提高自我学习能力与学习水平的过程。如果在学习外语的过程中，仅仅进行语言输入而不进行语言输出，就会导致“高分低能”现象的产生。日语教师可以通过指导学生书写日文日记、撰写论文，也可以通过建立日语角、日语沙龙等方式来培养学生的口语输出能力。在日语口语的教学中，教师应改变传统教学方式，锻炼学生的口语输出能力。例如，让学生朗读课文并进行录音，课后教师对录音进行指导和修正，提高学生的日语发音能力；还可以让学生分组对课文进行情节设计和情景表演；定期邀请日语外教和学生进行交流，帮助学生了解日语在日常沟通中的注意事项等。日语教师应该通过各种不同方式的输出来让学生更加积极主动地进行跨文化交际。

2. 给学生创造学习氛围

教师在课堂教学中，应注意与现实接轨，更好地创造出真实的语言学习氛围。因此，在日语教学的过程中，教师应该避免灌输式的教学方法，要让学生成为学习的主体，并注重在课堂中营造日语学习氛围。教师可通过情景模拟表演来提升学生的课堂参与感。通过情景表演，学生一方面可以学习课堂知识，另一方面可提高学生对日语学习的兴趣。除了在课堂上营造日语学习氛围之外，教师还可以鼓励学生参加课外的日语交际活动，比如日语角、观看日语电影、参加日语讲座及大家比较感兴趣的漫展之类的活动。

3. 塑造日语教室文化

小学到高中都会有教室文化的塑造。针对日语学习这一目标，高校也应该建立专门的日语教室，让教室的每一个角落、每一件物品都带着日语的味道，营造日语学习氛围。打造日语教室可通过以下几步实现。第一，让学生收集日语的名言警句，并将其打印出来张贴，还可以收集日本美食、动漫及文化等方面的资料在教室张贴；第二，可以建立教室图书馆，鼓励学生阅读日语相关图书，并与同学进行图书的互换、读书心得的交流等；第三，可以自行制作物品名片，给教室的每件物品都贴上日文标签。在日语教室中，浓厚的日语学习氛围能更好地促进学生学习日语。

4. 开展日语特色活动，提高日语学习兴趣

语言学习的过程可能较为枯燥，学习者对于日语从陌生到熟悉、从掌握到精通也是一个极其漫长而又辛苦的过程。大多数日语学习者的学习积极性与主动性不够，日语学习任务都是在老师的逼迫之下或者在考试成绩的压力之下才完成的，这样被动的学习就会损害学生对于日语学习的兴趣。大多数的实践证明，学生对课外活动比较感兴趣，因此日语教学工作者应该将日语的学习与学生的课外活动相结合，例如组织日语初学者开展日语阅读比赛、日语书法比赛或者日语情景剧表演大赛等活动；对于熟练掌握日语的学习者，可以开展日语游戏、日语 PPT 大赛等；对于精通日语的学习人群，则可以开展日语配音大赛、日语翻译比赛及日语演讲等活动。针对不同的学习者开展不同层次的课外活动可以激发学习者对于日语学习的热情，同时也能够提升学习者对于日语的运用能力，满足学生在日语学习中的发展需求。

5. 了解日语文化，综合提升日语内涵

无论是母语的学习还是日语的学习，都会碰到一定的瓶颈期，这段时间日语水平上升相对缓慢，这并不是学习者不够努力或者教学工作者水平下降导致的，而是学生已经掌握了日语的含义，但是缺乏对日语文化背景知识的了解，因此无法准确理解日语话语者想表达的情感。所以，日语教学工作者在日语教学的过程中要进行穿插教学，在帮助学生学习日语，提高日语能力的同时，向学生讲授日本文化，从而达到综合提升日语能力的目的。

总之，为了适应新时代人才培养要求，推进大学日语教学改革，我们应该立足本校实际，遵循外语教学法的一般规律，制定出适合本校大学日语教学改革的具体策略。① 结合二语习得理论，不断促进日语教学改革目标的实现，提升日语教学质量。

---

①袁琳艳．二语习得视域下的大学日语教学策略探究[J]．科教导刊，2021(25)：106－108.

三、建构主义理论

(一)建构主义理论概述

建构主义是西方教育心理学的最新教学理论，是认知学习理论的一个重要分支，最早由瑞士著名的心理学家皮亚杰提出。他基于儿童心理发展，将知识的构建看作是主观及客观因素的结合，知识是在这二者的相互作用中产生的。后来经过心理学家和教育家维果茨基、奥苏贝尔、布鲁纳等的不断修正，建构主义理论更加完善。

建构主义教学理论主要体现在以下几个方面。第一，建构主义知识观。学习不是教师简单地把知识传递给学生的过程，而是由学生在原有知识的基础上自己建构知识的过程。第二，建构主义学生观。学生不是简单被动地接受信息，而是主动地建构知识。第三，师生角色的定位。建构主义理论打破了传统的教学模式，教师不再居高临下，学生也不再被动接受教导，二者可以平等地进行交流，友好地相互沟通。教师是学生建构知识的支持者和辅导者。学生以学习材料为基础，通过建构的途径进行学习，达到获取知识的目的。第四，建构主义学习环境和教学原则。教师应为学生创造一种良好的学习环境，让学生在一定的社会环境和文化背景下进行实验、独立研究、合作学习等。

(二)建构主义理论在高校日语教学中的应用策略

建构主义教学观及从这种教学观出发形成的支架理论以学习者为中心进行教学设计，可以为教师开展教学提供更为具体的帮助和指导。①

1. 创建互动和开放式教学环境

对传统的教育模式进行改革，就要彻底改变以往“填鸭式”的教学模式，运用网络资源实现教学时间和空间向课外的延伸。与此同时，教师与学生应当共同营造积极、民主、和谐的学习氛围，建立良好的师生关系，促进学生的身心健康发展。

教师在教学过程中应当主动与学生建立相互信任和相互学习的良性师

①铁玉霞．基于建构主义支架理论的日语基础写作教学设计[J]．学园，2023(8)：66－68.

生关系，积极营造有利于日语专业学生学习的氛围。在教学过程中，教师应当认识到学生的主体地位，加强与学生的互动，使教学充满趣味性和真实性，让学生在较为真实的情境中学习语言。教师也可以通过提问和情景游戏等方式实施交互式教学，加强学生对知识的掌握程度。通过学生对教学内容的反馈，教师可衡量教学内容的难度，并根据实际情况进行调整。这种师生之间互动的学习模式能够更好地帮助学生学会日语语言的表达技巧、掌握日语知识，教师也可以通过这种方式更清楚地认识到自身教学中存在的缺陷，从而不断改善教学方式以获得更好的教学效果。

2. 发挥小组互动学习的作用

学习语言需要不断进行交流，日语语言水平的提高也是在不断交流的过程中实现的。作为教育提供方，高校应当利用一切可以利用的教学资源为学生创建一个良好的学习环境。在日语教学课堂上，通过划分小组，教师可以实现学生之间的相互合作和共同学习。但在实行过程中，教师应当对学生有较为全面的了解，以性格爱好、学习层次等为依据划分学习小组，使学习小组的分组更加合理，这对学生的日语学习有良好的辅助作用。

首先，学习小组承担着巩固和深化教学内容的任务，小组合作的方式能使学生对课堂内容有更加深入的了解。

其次，学习水平相近、爱好一致的学生更容易建立良好的交流关系，也能更加合理地掌握学习进度。此外，在划分小组后，多样化的教学方式可以轻松地实现，如游戏、戏剧、演讲等受学生欢迎的方式。这些教学方式能使学生在轻松自由的环境下展现真实的日语水平，提升学生的综合能力。

第二节　大学日语教学原则探究

一、认识日语教学原则

日语教学原则是日语教学规律的反映，是在一定的教学原理指导下对学生掌握语言知识和语言技能的基本途径的说明。不同的外语教学法的理论依据不同，对外语教学规律的认识也不同，对反映教学规律的教学原则的认识也不一致。日语教学不仅要遵循教学的一般原则，还要吸收语言学、心理学、教育学、生理学、系统论等最新理论的研究成果。日语教师应了解各种教学法的优点，制定适合我国日语学习者的日语教学基本原则。人的发展是教育的宏观目标。日语教学的具体目标是帮助日语学习者掌握语言知识，培养语言技能。要想实现这一目标，必须通过教师的教学实践和学生的语言实践来完成。日语教学原则必须遵循教育方针，符合教学规律和语言学习规律，为完成语言教学的根本任务服务。

二、日语教学原则

(一)以学生为中心的原则

1. 认识以学生为中心

“以学生为中心”的教学方式强调教师与学生之间的沟通，支持多样化学习方式，可以激发学生的学习兴趣，积极培养学生的创新精神和发展自我的能力。①

在日语课堂教学中，教师是主导，学生是主体，二者相互协调、相互配合，教学质量才有保证。教师熟悉教学内容，了解有效的学习方法和学习途径。在教学过程中，教师必须以学生为中心，发挥自己的指导作用，为学生创造学习条件，随时给学生提供帮助，调动学生的学习积极性。总之，教师的一切教学工作都是围绕学生的需要进行的。

因不同教育层次、不同学校的学生，学生的需求也呈现多样性。“以学生为中心”的教育理念必须与学生的真实需求相结合。② 在学生遇到困难的时候，教师要及时给予帮助，使学生的困难能够得到及时解决；当学生面对困难不知所措时，教师要及时给予引导，帮助学生找到解决困难的办法；看到学生愿意接受学习任务且跃跃欲试时，教师应该给予学生更多

①施霞．“以学生为中心”的大学日语教学改革探究[J]．现代职业教育，2023(21)：161－164.

②赵占香．“以学生为中心”的高效课堂教学研究与实践[J]．山西青年，2023(13)：59－61.

的锻炼机会；看到学生的学习情绪不高时，教师要及时给予鼓励，提高学生的学习热情；看到学生在学习上取得的成绩时，教师要及时提出更高的要求，促使学生不断进步。

2. 以学生为中心对教师的要求

想要真正地做到以学生为中心，教师就要在以下几个方面做出努力。

(1)制定切实可行的教学方案

教学方案是各项教学活动顺利开展的依据。以学生为中心要求教师根据学生的语言水平和语言运用能力来制定合理的日语教学目标、教学任务、教学计划、评定方法等。如果教学方案本身不具备可行性，教学效果的提升和学生学习的进步也就无从谈起了。

(2)认真分析教材，认真备课

教师在对教材进行分析时，应对教学内容进行充分的理解和把握，根据学生的学习水平与学习能力来调整教学目标和教学任务，把教材内容变成问题的链接和师生对话的中介。在教学活动的设计中，教师可以通过座谈、课堂提问、作业、测试等手段，了解学生对知识的掌握情况，并据此做出针对性的调整；教师还可以根据学生的学习水平、接受能力、学习方法、学习风格和学习态度等灵活设计和调整教学活动。此外，教师在备课过程中还要善于换位思考，根据教学目标和教学经验积极预测可能出现的教学活动。

(3)使用多元的教学方法和教学手段

以学生为中心的原则要求教师的教学方法和教学手段多元化。直观的教具可以刺激学生的感官，视觉、听觉刺激能加强学生对知识的记忆。形象化的教学手段，如幻灯片、投影、模型等都可以将知识内容直观地呈现出来，学生也可以在一种轻松愉快的氛围中学习语言。除此之外，以学生为中心的原则要求教师根据学生的特点，灵活选用教学方法和手段。不同的教学手段具有不同的作用和效果，教师应合理利用这些教学手段，使其作用最优化。

(二)真实性原则

真实性指日语教学应以培养学生的语言综合应用能力为目标，教师利用交际法和任务法展开教学，力图使学生在真实的日语环境中提高自身的语言能力。具体来说，真实性就是语用真实，在教学中，教师应该做到以下几点。

1. 采用语用真实的教学内容

语言教学具有特殊性，日语教学内容不仅涉及教材中的课文，同时还包括各种语言运用材料。真实的教学材料能让学生接触真实的语言，沉浸在真实的语言环境中，了解日语真实的交际话语场景和文化背景。教师在教学前需要搜集和整理真实的语言材料，分析语言应用的语境与内涵，从而保证教学可以有效提高学生的语用能力。

3. 设计或组织语用真实的课堂教学活动

教学活动是保证教学效果的重要手段，同时也是语言运用的重要手段。课堂教学活动要为语言应用目标服务，培养与提高学生的语用能力。教师在真实的课堂教学活动中发挥着重要的指导作用，教师应对学生进行积极的引导，使学生掌握语言应用的真实语境和其言外之意。

4. 设计语用真实的教学检测评估方案

教学评估是教学整体链条中的重要一环，对教师的教学和学生的学习都有重要的反馈作用。设计语用真实的教学检测评估方案，能够帮助教师发现学生学习的不足，从而及时调整教学方式。语用真实的教学检测方式能引导学生更加重视语言的应用，有利于学生日语使用自我意识的形成。因此，在进行教学检测评估设计时，教师要注重语用能力检测的相关内容。

(三)兴趣原则

1. 兴趣对于学生学习的重要性

兴趣是最好的教师，是推动学生学习的最强有力的动力。学生只有对学习充满兴趣，才会积极探求事物。兴趣是推动学生认识事物、探索知识、探求真理、并从中体验学习情趣的推动力。学习兴趣是在学习活动中产生的，也是学习动机中最现实、最活跃的因素。因此，教师应引导学生主动了解日本社会及文化，在学习之余有意识地观看动漫、日剧，学唱日语歌曲等，并积极参加日语演讲比赛等相关活动。[①]

2. 兴趣原则对教师的要求

学生的日语学习成功与否，在很大程度上取决于他们对日语学习的兴趣。因此，教师在日语教学中应该重视兴趣的巨大作用，采取一切可用的方法激发学生对日语学习的强烈愿望，使他们喜欢学、乐于学，从而获得更好的教学效果和学习效果。

为了激发和培养学生学习日语的兴趣，教师应该做到以下几点。

(1)教师要充分了解学生的特点，尊重学生的主体性

学生是日语课堂的主体，教师在教学过程中要从学生的生理特点和心理特点出发，重视学生学习语言的优势，遵循语言学习规律，采用多种教学方式，培养学生对日语学习的兴趣，让学生通过体验和实践进行学习，帮助学生形成语感，提高学生的日语交流能力。

(2)教师要挖掘和收集学生对教材中感兴趣的内容，并以此设计教学活动

教材是日语教学的核心，教师在备课中要认真研究教材，挖掘教材中学生感兴趣的内容与话题，使每节课都有让学生感兴趣的内容和活动，以最大限度地调动学生的积极性。在日语课堂教学中，模拟日常生活中的交际形式也是提高学生兴趣的一种重要方式。教师应尽量把日常生活中的交际形式与交际内容运用到课堂之中，为学生在日常生活中使用课上所学的日语创造条件。学生在课堂上熟悉了生活里常见的交际日语形式，用日语进行实际交际的能力就会逐渐提高。

(3)教师要加强与学生的互动

一个学生对某一门课程的喜欢与否，往往取决于他/她对该授课教师的态度。教师可以通过各种形式与学生进行交流，与学生交朋友，赢得学生的尊重与喜爱，让学生愿意向老师倾诉，与老师交流。教学是师生互动的过程，好的学习情绪转移到学习中就会变为一种兴趣和动力。教师在严格要求学生的同时，还要给学生创造和谐的学习氛围，通过一个眼神、一

---

①肖东娟．应用型高校大学日语教学现状调查研究[J]．牡丹江教育学院学报，2021(6)：77－79.

个手势、一个微笑、一句赞许的话去影响学生。教师还要善于发现学生的闪光点，并给予鼓励和表扬，培养学生的自信心和成就感。

(四)循序渐进原则

1. 循序渐进原则的定义

循序渐进原则是指学生在学习过程中要按照知识的系统性，由浅入深、由易到难、由近及远、由已知到未知逐步进行学习，不可急于求成、盲目冒进。

2. 循序渐进原则的实施

(1)先学习日语基础知识，再进行能力提升

日语的学习要先从基础知识开始，在日语学习的初级阶段，教师应先培养学生的听说能力，让学生掌握基本的语言知识，包括语音、词汇、句子结构等，然后再逐步向读写能力过渡。基础知识的学习为学生读写能力的培养奠定了基础。

(2)日语学习应从口语开始，然后逐渐过渡至书面语学习

众所周知，任何语言都包括两种形式：口语和书面语，日语也不例外。按照人类发展的规律，口语的出现大大早于书面语，由于人类在日常交际中频繁使用口语，因此学习起来比较容易，且口语句子结构也比较简单，学生通过口语的学习可以较快提升自己的交际能力。书面语的发展无疑是建立在口语基础之上的，因此学会口语，书面语的学习自然也不成问题。

(五)灵活性原则

灵活是兴趣之源，灵活性原则是兴趣性原则的有力保障。语言本身的开放性和大学生喜爱接受新鲜事物的特点，要求教师在日语教学中应遵循灵活性的原则，尤其在教学方法、教学语言使用方面应做到灵活多样，富有乐趣。

1. 教师教学方法使用的灵活性

教师在日语教学过程中要综合学生、教学内容及自身的特点，创造性地开展多种多样的教学活动，充分体现教学方法的多样性和创新性，使日语课堂变得新鲜、有趣，从而激发学生学习日语的热情，培养其学习兴趣，挖掘其语言潜能。

2. 教师教学语言使用的灵活性

日语学习的关键在于运用。在日语课堂上，教师应尽可能地用日语组织教学，用日语讲解，用日语提问，用日语布置作业，等等，这就使学生可以感受到他们所学的日语是活的语言。日语教学的过程不应只是学生听讲和做笔记的过程，而应是学生积极参与，运用日语来实现目标、达成愿望、体验成功、感受快乐的有意义的交际过程。

(六)教学最优化原则

1. 教学最优化的定义

教学过程最优化的一般定义：教学过程最优化是在全面考虑教学规律、教学原则、教学形式和教学方法，教学系统的特征及内外部条件的基础上，使过程从既定的标准看来发挥最有效的(即最优的)作用。

2. 日语教学最优化的具体实现

维持学生高涨的学习情绪是促进日语教学行之有效的一个重要因素。在日语教学中，通过变换练习方式，可使学生感到日语课累而不腻，长而不烦；利用电教媒体创设情景，能使学生积极地将语言材料与真实生动的交际环境联系起来，学而不死，活而不乱；教师要及时发现学生的优点，对其进行鼓励和肯定的评价，这不仅能增进师生间的情感，而且有益于学生素质的培养，特别是日语交际能力的提高。

日语课堂教学是否有效，除了看教师能否精确传授、认真指导外，还要看学生的课堂参与热情是否高涨。学生的课堂心理反应和行为方式能够折射出教师的教育思想，帮助教师优化教学结构，驾驭课堂之舟达到更高境界。

(七)师生协同原则

1. 师生协同原则的基本含义

师生协同教学的方法是“多方协同”，内涵是“互利共赢”，核心是“和谐发展”。[①] 遵循师生协同的原则有利于调动教师教学的自主创新积极性，提升学生积极参与学习的自主性。师生协同原则的实质就是要处理好教师与学生关系，以及教与学的关系。

---

①姜红梅．师生协同教学研究[J]．科教导刊(电子版)，2020(21)：79.

2. 日语教学师生协同原则的实施

首先，要营造以师生合作为基础的氛围，使课堂成为师生互动的和谐空间。其次，要改变单一的师生交流方式，以小组学习为中心，将指导、练习、讨论、自学等几种形式进行动态优化组合，形成师生之间、学生之间的多向交流、多边协作、有效互动的课堂教学格局。这样，日语教学才更富有主动性。最后，教师要注意培养学生良好的合作意识和合作习惯，鼓励学生之间，既要有融洽合作，也要有激烈竞争的多边关系，从而促进学生主动发展。

在日语课堂教学中，我们通常的做法是把学生分成若干学习小组，并让其进行会话练习，以竞争的方式激发学生的学习兴趣，在交流学习的同时，拉近师生的距离，增进师生感情。

（八）理论联系实际原则

1. 理论联系实际的内涵

理论联系实际是人类在认识活动中应当遵循的基本原则，也是学校教育必须坚持的一个核心要求。学校教育通过传播知识、传承前人经验，来提高受教育者认识事物、把握客观事物发展演变规律的能力。理论联系实际的知识获得方式，有助于受教育者正确处理学习过程中直接经验与间接经验、感性认识与理性认识的关系，有助于受教育者认识客观事物的本质规律，自觉地掌握并能灵活地运用所学的知识。

2. 理论联系实际原则的实施

理论联系实际原则在日语教学过程中尤为重要。日语是一门实践性很强的学科，学生在“懂”和“用”之间有很长的一段距离要走。日语教学不仅是简单的传递语言知识的过程，而且是提高学生语言技能和综合素质的过程。教师在课堂上必须遵循以“教师为主导、学生为主体、训练为主线”的“三主”原则，切实做到精讲多练。教师在课堂上可插入丰富多彩的课堂活动，如酒店情景日语对话、空中乘务情景日语对话等，让学生积极投身语言实践，并在习得语言的过程中，掌握解决实际问题的能力。

第三节 大学日语教学现状及问题梳理

一、教学定位不准确

目前，在对日语教学的定位上，部分高校教师为了提高学生学习成绩，过分强调对教材知识的讲解，采取了本末倒置的教学方法，盲目地把应对考试作为教学的终极目标，忽略了对学生综合能力和职业素质的培养，片面地追求学生对单词、课文的死记硬背，导致不少学生缺乏主动学习日语的动力，大多都抱着应付考试的目的。这与日语教学的目标是完全相悖的，日语教学的目的是通过学习使学生能根据自己的主观判断，在真实日语环境中分析和处理实际问题。因此，教师应根据这一教学目标，对日语教学进行准确定位，切忌采取以应对考试为目的的教学方式。

二、学科体系不完善

日语在中国属于非通用系列语言，其发展具有自身的特点。改革开放以后，为了满足现代化建设的需要，急需培养一批掌握日语的专门人才，因此，这段时期日语教学取得了很大的发展。中国加入世界贸易组织后，投资环境取得了明显改善，中国与日本企业之间的合作也越来越广泛，这就需要更多的复合型与外向型的日语专业人才。为了能够满足经济社会不断发展的需要，国内的许多高等院校(在日语学科体系不完善与科研经费不足的条件下)每年都在进一步扩大招生规模，并不断细化日语专业的学习方向，但却没有进行实质上的改革。某些高等院校开设的课程，如科技日语等，仅仅是在专业的名称上做文章，并没有进行深入的学科融合，讲授的基本内容大多还是日语的基本知识和技能，涉及科技方面的内容并不是很多。日语专业名义上的细化，使得原本不健全的学科体系进一步被打乱，教学内容与课程设置交叉重复的现象逐渐增多，弊端也逐渐显现。这一发展趋势不仅使日语基础课没有得到进一步落实，导致许多学生语言基础知识不扎实，也没能提高专业技能，如科技日语专业技能。学生不仅基础知识不牢固，同时也欠缺专业技能的培养，日语综合素质并没有得到很好的提升。因此，日语学科体系建设问题是当前需要解决的一个关键问题。

三、教材内容陈旧

日语教学质量的好坏与日语教材有着重要的关系。当前大学日语教学中使用的教材比较陈旧单一，在对日语专业进行细分后(如商务日语等)，原先的日语教材内容已明显不足。教材更新不及时导致学生对日语的学习没有动力和新鲜感，学生学习的热情与积极性逐渐减弱。大学生喜欢新知识，对新鲜事物感兴趣，所以过时的教材内容材不能激发学生的学习兴趣，在一定程度上也会阻碍日语教学水平的提高。

四、教学模式单一

长期以来，我国高校在日语课程教育教学的过程中，依然沿用陈旧、落后的传统教学手段，课堂教学主要以教师为主，以教材为核心，忽视了学生参与教学的积极作用。例如，在大学日语课堂教学中，日语教师常采取一块黑板、一支粉笔、一本教科书的教学方法。教师站在讲台上向下面在座的学生进行课程内容的讲解，学生基本无法参与教学互动，只能坐在下面认真听讲。同时，日语教师对信息技术、网络技术和多媒体技术的运用力度不够，部分日语教师从来不利用计算机、投影仪来进行教学，他们认为多媒体技术不仅不能产生实质性的教学成效，而且会浪费弥足珍贵的课堂教学时间。长期采取传统、单一、落后的教学手段和方法，一方面不利于教育教学水平和质量的提高，另一方面不利于学生学习兴趣和积极主动性的培养，最终影响日语整体教育教学水平的提高。

五、考评不当

日语与英语的考核形式基本相同，但英语的考核形式更加符合情理且考核形式完善。虽然日语与英语同样设有四、六级和专业四级、专业八级考试，但由于英语是学生从小学到中学一直接触的主要授课科目，学生已经非常熟悉，所以英语四、六级在学生的学习接受范围之内。相比而言，日语专业的学生大多数是在大学才开始接受日语教育的，极少有学生具备日语基础，所以帮助学生攻克日语四、八级是日语教师教学中的一大难题。因为日语专业四级、专业八级是评判学生日语专业水平高低的重要考评形式，所以日语教师在教授日语时偏向对日语语言文字的讲解。虽然日语专业八级对日语综合应用能力提出了很高的要求，但在实际教学中，很多教师并未意识到这一点，依然用日语常规考评体系对学生进行评价，没有将综合应用能力纳入评价体系。很明显，这种考核体系对于学生日语综合能力的提高产生了一定的阻碍作用。

六、教师素质有待提高

由于学校的学科体系不健全，所以新开设日语专业方向后，教师的队伍配备不合理。例如学校开设商务日语专业后，许多日语教师并没有商务日语方面的学习和教学经验，教师在对商务类的日语文章进行翻译时，是在一种似懂非懂的状态下进行的，常常出现错译。教师在进行授课时，常采用精读或者泛读的传统授课方式，并没有抓住日语课程的实质。传统的“灌输式”教学方式很难充分调动学生学习日语的兴趣，没有让日语教学走上一个新台阶。平时，教师教学任务又比较繁重，没有时间或机会进修，知识更新的速度与日语教学方法的使用没能跟上时代发展的步伐。这些都不利于日语教学的顺利开展。因此，教师的教学方法与教学手段需要及时更新。如果教师的教学方法还是停留在对书本知识与专业知识技能的传授上，不能加强对学生日语综合素质的培养，那么大学生毕业后，就无法很好地适应当前工作岗位的需要。这充分说明了灌输式的教学模式已经不能满足当前日语教学的需要，也充分说明了教学的目标、方法和计划等都需要及时加以改进，其中教学方法与手段的更新是最为重要的。

七、学生对日语的认识不正确

日本文化是从古中国文化发展而来的，因此，中日两国有着相似的文化背景，语言文字更是相似。很多日本文字中都掺杂着中国文字，很多日本语言基本上我们不用学习就能看懂大体的意思。此外，从发音上看，日语的发音也与汉语的发音非常相似或基本相同，如“师父”“老师”等。相同的文字背景为学生学习日语带来了方便，同时也会向学生传递出日本语言简单的错觉，致使学生在学习时不重视日语基础课程，导致他们在真正深度学习日语时碰到诸多问题。

八、日语教学中的“中国文化失语”现象

近些年，受外国文化强势进入的影响，中华传统文化受到忽视。文化交流本该是双向的，任何一方过强或过弱都将打破平衡。

在外语教育中融入多元文化教学早已是教育界的共识，但在教学实践中，多元文化教学却成为了名副其实的外国语言文化教学，教师不仅把外语语言知识传授给学生，同时还教授其文化内涵，以培养学生的跨文化交际能力，但对本土文化的教授则少之又少。

随着中日交流的深入，社会上掀起了学习日语的热潮，日语教学与日本研究取得了长足发展。学生对日本文化，尤其是流行文化了如指掌。然而，学生对中国传统文化却了解得不多，在跨文化交际活动中，弘扬中华民族优秀文化的能力不尽如人意，“中国文化失语”的现象不但存在，而且较为明显。教师在日语教学中没有意识到应向学生讲解中国传统文化知识，介绍中日文化差异，导致不少学生无法借助中国传统文化、中日对比达成对日语的深度理解，日语学习效果不佳。

在以往的日语教学中，教师片面关注对学生语法知识的教学，忽视了对学生日语实践能力的培养，导致学生在日语交际中缺乏经验，影响了学生跨文化交际能力的提升，这是当前日语教学发展中应当解决的问题。①教师不仅要在课堂上讲解日本文化知识，还要讲解中国文化知识。只有这样，学生的跨文化交际能力才能获得显著提高。

①郭剑楠．浅谈大学日语教学与跨文化交际能力的培养[J]．山西青年，2020(1)：251.

第二章 基于信息技术的日语教学的现实背景与理论支撑

在教育信息化背景之下，大学日语教学已经在诸多方面发生了变化，教师可使用的教学方法更加多样，教学的效率明显提升。在信息技术的支持下，大学日语教学也获得了不错的发展。本章对基于信息技术的日语教学的相关现实背景与理论支撑进行了探究。

第一节 信息技术概述

一、信息技术的定义与特征

(一)信息技术的定义

信息技术是研究如何获取信息、处理信息、传输信息和使用信息的技术。

信息技术，可以从广义、中义、狭义三个层面来定义。

广义而言，信息技术是指能充分利用与扩展人类信息器官功能的各种方法、工具与技能的总和。该定义强调从哲学上阐述信息技术与人的本质关系。

中义而言，信息技术是指对信息进行采集、传输、存储、加工、表达的各种技术之和。① 该定义强调的是人们对信息技术功能与过程的一般理解。

狭义而言，信息技术是指利用计算机、网络、广播电视等各种硬件设备及软件工具与科学方法，对文图声像各种信息进行获取、加工、存储、传输与使用的技术之和。该定义强调的是信息技术的现代化与高科技含量。

计算机和互联网普及以来，人们日益普遍地使用计算机来生产、处理、交换和传播各种形式的信息(如书籍、商业文件、报刊、唱片、电影、电视节目、语音、图形等)。计算机教育成为信息技术教育的重要组成部分。

随着社会信息化的发展，计算机应用几乎渗透到社会生活和经济活动的各个方面，这赋予计算机教育以极为广泛的社会性，因此普及计算机专业知识已经成为一项重要任务。

从信息技术的内涵可知，信息技术本身涵盖和涉及很多其他技术。同时信息技术与其他技术又整合演化出众多复杂的交叉学科。因此从不同视角可以将信息技术分成不同的技术种类。

(1)从信息技术的表现形态看，信息技术可分为硬技术与软技术。硬技术是指各种信息设备所能提供的信息处理功能和其他新功能，如计算机、打印机、通信卫星等。软技术是指信息采集、加工、传递等需要的规则、标准、知识、方法与技能，如编码标准，程序设计语言、图文表达技术、数据统计分析技术、规划决策技术、计算机软件技术等。

(2)从信息技术工作流程的基本环节看，信息技术可分为信息采集技术、信息传递技术、信息存储技术、信息加工技术及信息标准化技术等。

(3)从信息技术形成的设备看，信息技术可分为电话技术、电报技术、广播技术、电视技术、复印技术、缩微技术、卫星技术、计算机技术、网络技术等。

(4)从信息的传播模式看，信息技术可分为传递信息处理技术、信息

①杨晓飞，聂凯．高校信息技术与课程教学融合研究[M]．长春：吉林人民出版社，2020：3.

通道技术、接受者信息处理技术、信息抗干扰技术等。

(5)从信息技术的功能层次看，信息技术可分为基础层次的信息技术，如新材料技术、新能源技术；支撑层次的信息技术，如机械技术、电子技术、激光技术、生物技术、空间技术等；主体层次的信息技术，如感测技术、通信技术、计算机技术、控制技术；应用层次的信息技术，如文化教育、商业贸易、工农业生产、社会管理中用以提高效率和效益的各种自动化、智能化、信息化应用软件与设备。

(二)信息技术的特征

1. 一般技术性

信息技术包含的所有技术都来自一般技术，与一般技术一样，信息技术同样在方法的科学性、生产设备的先进性和掌握技能人员的熟练性和经验的丰富性等方面存在差异，同时在生产活动过程中体现出作用过程的快捷性、功能的高效性等特点。

2. 相容性

信息技术可以与其他技术结合，并推动其他相关技术的创新和发展。为其他技术提供提升技术水平的平台，同时也为信息技术拓宽应用领域。信息技术发展至今已经成为影响人类文明进程最大的技术之一。

3. 动态性

所有技术都以动态形式向前发展，信息技术的动态发展大大地超出其他技术的发展速度，并成为促进其他技术发展的主要因素。这种动态的快速发展改变了人们生活、工作、学习、沟通等活动的方式方法和理念，深刻地影响着人们的生活质量。

信息技术代表着当今先进生产力的发展方向，信息技术的广泛应用使信息的重要生产要素和战略资源的作用得以发挥，使人们能更高效地进行资源优化配置，从而推动传统产业不断升级，提高社会劳动生产率和社会运行效率。

二、信息技术对教育的影响

(一)有利于培养受教育者的主体性，开展个性化教育

信息技术的飞速发展和科学技术的日新月异，不仅对教育提出了新的

要求，也深刻地影响了课程的内容和呈现方式，拓展了课程设计的范畴，使课程更具开放性和个性。① 同时，信息技术的出现，允许教师借助互联网开展教育，这有利于培养受教育者的主体性，开展个性化教育。

虽然在网络上开展的教育(以下简称网络教育)是远程教育，受教育者与教育者相距遥远，但是网络教育的效果与面对面课堂教育的效果很接近，师生之间可以对话，学生也可以自由选择课程和教师。有了自主的选择权和高度的参与性，在网络教育中，受教育者更能够发挥自身主动性，接受个性化教育。

(二)突破了教育的空间限制

网络教育能突破空间的限制，并且有别于广播电视教育。广播电视教育虽然也能突破空间的限制，但是广播电视教育是建立在信息单向地由教育者流向受教育者的基础上，即广播电视教育所突破的空间距离只是单个的教育者与众多的受教育者之间所存在的空间距离。

而在网络教育中，学生可以在世界范围内选择信息资源和教师，实现多方对话。所以，网络教育对空间的突破，是对众多受教育者、教师、教育资源之间的多角关系的空间距离的突破。

(三)改变了传统教育模式

通过计算机网络学习，受教育者可以根据个人情况对课程、教师、学习时间(比如今年学习什么课程，明年学习什么课程)进行选择，其教学过程具有很大的灵活性。因此，网上学校并不具有传统学校所特有的“批量化教育”的特点。由于教育方式灵活，网上学校对于有工作的成年人显得特别方便。因此，网上学校的出现，也会在一定程度上影响传统教育机构的生源。有人指出，现代信息技术应用于教育，将打破单一的以学校教育为主的教育模式，社会上将出现多层次、多阶段、多内容的综合化教育系统，从而为建立“终身教育”体系提供条件。

在人类社会的历史上，教育活动由无固定的地点转变成有固定的地点，即校园，被看作是人类社会的巨大进步。但是，在如今的网络教育

①高芳．教育技术实用与协同创新的多元化发展[M]．延吉：延边大学出版社，2020：101.

中，由于教育者和受教育者分布在世界各地，已经很难说清教育活动具体在什么地点进行。

对此，笔者的看法是，传统意义上的学校有两大功能：一是组织教学(包括管理学生与教师)，二是实施教学(即教师教与学生学)。网络教育的主要功能是实施教学，缺乏组织教学的功能。对于初等、中等教育而言，由于受教育者的年龄较小，自我控制能力较差，所以传统的在校教育仍然是主要的教育形式。对于高等教育来说，由于学校的组织功能减弱，其受网络教育的冲击就会大一些。但即使是高等教育，也还是需要一定的组织功能的，比如进行实验、实践集体生活和社会活动等。因此，如果说由于网络教育的出现，传统的大学就会不复存在，这显然是缺乏依据的。学校依然要承担组织教学的任务，而网络教育可以成为学校实施教学的手段。一些理论性强的课程和便于在网上演示的课程，可以进行网上教学，但一些实践性强的课程，比如必须借助仪器进行实验的课程，则还需要在课堂上进行。

第二节 教育信息化改革的背景

一、教育信息化改革背景分析

(一)国家教育政策的支持及教育信息化基础设施体系初步形成

教育部在《教育信息化十年发展规划(2011—2020年)》序言中指出，我国教育改革和发展正面临着前所未有的机遇和挑战。[①] 以教育信息化带动教育现代化，破解制约我国教育发展的难题，促进教育的创新与变革，是加快从教育大国向教育强国迈进的重大战略抉择。目前，经过20世纪90年代以来的建设，教育信息基础设施体系初步形成，高等学校都建有校园网并以多种方式接入互联网，数字校园建设初见成效。

---

①王玲，温勇．教育信息化与大学课堂教学改革[J]．教育教学论坛，2020(40)：141－143.

(二)教育数字化转型的到来

经济社会发展驱动数字技术革新，进而推动教育数字化转型的产生与发展；教育不断增加的内生需求与外部冲击带来的教育韧性建设和稳定发展要求，也在助推教育数字化转型。

为了变革标准化的培养模式，使每一位学生都能获得个性化发展，实现教育结果公平的终极目标，许多学校都在打造数字化教育服务平台。该平台可借助人工智能、云计算与大数据等来追踪学生的学习过程，实现对学生学习的个性化分析、对学习资源的个性化推荐、对学习成果的个性化反馈等功能。教师通过该平台能够基于学生的个体学习需求进行精准的资源配置和适切的学习指导，使因材施教成为可能。学生借助该平台能够开展个性化学习，最终实现教学效率的提升和人才培养模式的升级。

为了推动教育高质量发展，改善学生的学习体验并提高学生的学习效率，不少学校都在利用扩展现实、虚拟现实、增强现实和混合现实等智能技术来创设虚拟仿真学习环境。虚拟仿真学习环境不仅可以通过体感交互、触觉交互和技能交互等技术加深学生在数字化学习环境中的具身认知，为其提供安全、沉浸的学习体验，还可以利用自然语言处理技术和图像识别技术实现自动化批改作业，提高学生的学习效率。

在数字化转型的需求下，在学校努力完成数字化转型的目标下，教育信息化改革是一种必然。可以说，信息化技术运用在教育教学为高等教育的发展带来新机遇。“互联网＋教育”深度融合已成为高等教育领域的重点发展方向之一。①

二、教育信息化改革的出路

(一)优化顶层设计

长久以来，人才培养模式千篇一律，许多教师并不关注学生。然而，

---

①吴江渝，张程程，付艳锋，等．基于数字化课程中心的教育信息化改革与实践[J]．教育现代化，2021(20)：1－4．

教育活动要关注人的行为,[①] 教育信息化可以直接作用于人的意识、思想、思维方式、认知结构，促进人的发展。

作为人才培养的顶层设计，专业人才培养方案必须创新。结合互联网技术对现代教育和人才培养的影响，高校一方面要逐步完善与人才培养目标相适应的课程体系，另一方面要深化课程建设，尤其是在线课程，弥补传统课程总量不足的缺陷。高校应针对现代信息化给高等教育带来的挑战，结合互联网环境下大学生学习的特点，全面构建人才培养体系，以适应新形势下国家对高素质人才的需求。例如，学校要大力削减学生毕业总学分，改变课堂讲授所占学时过多的状况，扩大课程总量，进一步扩大选修课程比例，大力推进通识教育，把大批网络课程引入通识教育课程，提高学生学习的自主权，满足学生的个性化学习需求，构建有利于促进学生全面成长、个性发展的培养方案。

(二)提供技术支撑

传统学习受课程资源、教师资源和学习空间的限制，学生的学习被束缚在相对狭窄的时空范围内。而在互联网时代，海量的学习资源、数量众多的名师名家使随时随地的学习成为可能。运用现代信息技术建设在线课程和网络课程的核心工作是要把这些课程与学生联系在一起，将课程放在学生可以选择的平台上，供广大学生选择修读。例如，“学堂在线”“学习中心”等平台不但涵盖学校所有的数字资源，还包括来自互联网的不同领域、不同专业的海量课程。它既可以满足广大师生的在线学习需求，又兼备课程建设的功能，自带很多的小规模在线课程(SPOC)、慕课(MOOC)的建设工具、软件及模板，能满足在线课程初学者的基本需求。这样“外来”资源与“本土”资源不断融合，将更加有利于满足学生的个性化学习需求。

(三)提供多样的教学方法

很多高校教育改革成效不显著的主要原因在于错误地认为教育只是传播知识的，而忽略了对学生综合能力和素质的培养。现代信息技术的革命

---

①郑珠，包文艳．回归原点：教育信息化问题的思考[J]．内蒙古师范大学学报(教育科学版)，2022(2)：79－82.

性发展为变革传统学习模式提供了新思路。传统教学方式凭借与网络辅助教学、互联网互动教育模式的融合，可逐步实现教育模式的多样化，实现体验式教学、协作式教学及混合式教学模式并存的多元教学模式。依托互联网，可实现线上线下教育模式的融合，促进学生学习方式的创新，促进教师开展教学方法改革，丰富教学内容，有利于提高学生的综合素质。因此，高校要依托信息技术，通过在线课程建设，引导广大教师开展教学方法改革，着重培养学生的问题意识和创新思维，推行讨论式教学、启发式教学、案例式教学等教学方法，实现教与学的双向互动。同时，要进一步提高教师运用信息技术开展教学活动的能力，倡导将“翻转课堂”“慕课”“微课”等教学理念植入教学，提高课堂教学效率和教学效果。

(四)进行基于信息技术的教学管理

教学管理工作是教育教学工作的重要组成部分，小而言之，决定了人才输出的状态；大而言之，攸关国家未来。① 利用现代信息技术创新优化教学管理工作既有助于全面提升教学管理水平，又有助于提升人才培养质量。进行基于信息技术的教学管理主要包括以下两个方面。

1. 基于信息技术的教学业务管理

在教室管理工作中，可采用大数据处理学生选课、教师开课等数据，结合本校教室的实际情况和课程类型，分析出最优的教室安排方案，提升教室管理的科学性和智能化。在教材管理工作中，很多高校已采用教材信息管理系统进行管理，但管理效率较低。可在已有系统的基础上使用物联网技术，实现教材管理智能化，这有助于进一步提高教材管理部门的效率和管理水平。

在考试管理工作中，可采用人工智能赋能考试的具体实施、阅卷和反馈、评价等。在考试的具体实施环节，可运用人工智能构建在线机器考试系统和智能监控系统，提升考试具体实施的智能化水平，使考试管理工作更加便捷。在阅卷环节中，可运用人工智能开发基于深度学习的智能阅卷系统，提高阅卷效率，促进考试公平。在考试评价环节，可运用人工智能

①李佳川．融合现代信息技术的教学管理工作创新[J]．陕西教育(高教)，2022(6)：58－60.

和大数据技术实现考试数据的自动分析和对试题质量基于既定评价标准的自动评价。在成绩管理工作中，可运用区块链技术创建区块链成绩单，用于记录课程、学分、成绩和经历。学生可自主管理成绩单，打破学习成绩、学分、成长数据由高校集中管理的传统，减轻成绩管理工作的压力，有助于学习者改善学习过程，提高学习成效，实现个性化学习。

对于管理过程中出现的数据来源广泛、实时动态、共享困难等精准采集难题，可利用“物联网＋云计算”技术实现数据精准化采集，完成学生轨迹数据和教师课堂数据的实时动态采集，准确回答“学生去过哪里、学生在哪里、学生喜欢上哪位教师的课”等问题，为教务管理工作带来便利，也为教学供给侧改革提供重要依据。

2. 基于信息技术的教学质量管理

教学质量管理工作是对高校教学进行计划、组织、领导与控制等的活动，以提高办学质量为目标。教学质量管理的核心是对教学过程和教学效果进行指导与控制。以往的教学质量管理往往是通过考核与考试等方法进行的，限于数据、技术和工具的多重缺失，未能对教学各要素进行全面而有效的评价。而今，利用大数据和物联网技术可实时动态采集学生在校轨迹数据和教师教学数据，然后运用机器学习、可视化分析、聚类和回归分析等技术对采集数据进行全面深度分析，进而通过数据客观反馈学生学习质量和教师教学质量，实现教学质量的智慧管理，使教学质量管理工作由“效率优先下的公平”转变为“公平优先下的效率”。针对学生学习质量评价工作中存在的透明度不高、公正性不强的问题，已有研究利用“区块链＋人工智能”设计基于联盟链的学生评价系统来解决。该系统利用区块链技术保障数据安全共享，利用人工智能实现数据的智能处理，助力学生评价向精确化、信息化、智能化转变。

(五)提升教师教学能力

信息技术不仅改善了人类的生活，还加快了教育信息化的进程。而作为教育信息化进程的中坚力量及先进的信息技术研究者和优秀的网络技术工作者，教师要在一定程度上转变观念，以顺应信息化时代的需求，为我国的信息化建设做出贡献。①

教育信息化能促进教育现代化的发展。而教育信息化推动教育现代化的关键因素是人的现代化。② 在慕课时代背景下，在竞争日趋激烈的高等教育领域，提高教师教学能力，保持传统课堂竞争力是每一所大学的基本办学策略。当前，利用信息技术和互联网技术，提升教师教学能力的路径已经很明晰，主要有以下几种：一是借助网络培训平台，开展教师教学能力培训。例如，全国高校教师网络培训中心拥有大量的在线课程和网络直播课程。利用数字化和网络技术，通过遍布全国各省市、地区的高校教师网络培训省级分中心和城市分中心可开展教师培训。二是学校建立自己的培训平台，结合学校的教育教学实际，开设和积累一些培训课程，用以提升本校教师的教学能力。三是利用一些公众群，互相交流经验，沟通有无，达到互相学习的目的。其实，无论通过什么方式，信息化技术和网络技术的飞速发展在给教师教学带来挑战的同时，也给广大教师能力的提升和拓展打通了很多路径。

第三节　信息技术与课程整合理论

一、信息技术与课程整合的优势

（一）变革传统教学模式

在传统的"教师讲授、解疑"的教学模式中，教师是教学的中心，学生是被动学习的主体。由于课堂讲授的内容比较单调，很难激发学生的学习热情。利用现代科学技术手段，比如多媒体技术等，将传统的教学手段与信息技术有机地融合在一起，能让学生感受到学科知识的独特魅力。教师应在课堂中积极组织互动式的教学活动，营造良好的课堂活动氛围，使学生积极主动地进行探究，提高学习自主性。信息技术与课程的整合能够提

①岩吉龙．学校教育信息化发展的三条路径[J]．甘肃教育，2022(9)：57－60.

②叶荣根．教育信息化需要教师走向现代化[J]．江苏教育，2022(20)：1.

升学生的学习积极性，是对传统教育模式的升华。

(二)开阔学生的学习思路

现代教育旨在培养应用型人才，学生能学以致用、用实际行动来学习。① 在整合信息技术与课程内容的基础上，运用现代信息技术与多媒体教学手段，能使学生在课堂上拓展自己的思维，在教师的引导下与同学进行交流，增进对知识的理解。同时，通过信息化学习的方式，学生也能提高学习兴趣，实现自主学习和自我提高。在实际操作中，通过综合应用信息化手段，教师可为学生提供一个展现自我、超越自我的环境，从而使其获得创造和创新的能力。信息技术能够使学生的思维变得更加活跃，便于培养学生的发散性思维，帮助学生活学活用。

二、信息技术与课程整合的定义与理念

(一)信息技术与课程整合的定义

所谓信息技术与学科课程的整合，就是将信息技术有效地融入各学科的教学过程，营造一种新型的教学环境，实现一种既能发挥教师主导作用又能充分体现学生主体地位的以“自主、探究、合作”为特征的“教”与“学”的方式，从而把学生的主动性、积极性、创造性较充分地发挥出来，使传统的以教师为中心的课堂教学模式发生根本性变革，使学生的创新精神与实践能力的培养工作真正落到实处。

(二)信息技术与课程整合的理念

1. 营造全方位的学习环境

信息技术和课程的整合，不是一种被动的整合，而是积极地调整、改变课程进程的一种整合。信息技术和课程的整合将会在课程中的每一部分发挥功能。事实上，信息技术本身并不能直接改变课程，但对课程改革来说，信息技术提供了一个非常有利的环境。信息技术的迅速发展促进了学习革命和知识经济的出现。自从人类进入信息时代，现代教育技术与课程的整合稳步推进，教师需要改变传统的课程观、教育观，尊重人的独立

①刘伟，丰孜轩．信息技术与课程整合的理念与策略[J]．新教育时代电子杂志(教师版)，2023(6)：85－87.

性、主动性、创造性、反思性和合作性。信息技术和课程的整合，有助于构建一个新的学习型社会，创造一个丰富的学习环境。“信息化”与“课程一体化”的实质是“学科建设”，它与课程结构、课程内容、课程资源、课程执行等有机结合，能改变课程的层次和维度，推动课程的整体改革。因此，运用信息技术能加强课程的深度整合，优化现有的学习环境，为学生提供良好的学习氛围。

2. 实施理论联系实践的教学

从实践上来讲，信息技术课程化与学科课程信息化是两个重要内容。教师可以将信息技术作为一项独立的教学目标，丰富教学内容。教师可以将信息化理论运用在教学中，使其深入教学的每一个环节。比如，在教学手段上，教师可以将慕课、翻转课堂、混合式教学等基于信息技术的教学手段运用在教学中，提前录制教学视频，让学生提前预习，同时在视频中为学生设置巩固习题，这样能帮助学生更好地掌握基础知识。此外，从教学评价上来看，目前，有不少课堂软件系统都具备课堂记录功能，能记录学生出勤情况(准时出席、迟到、请假等)、课堂具体表现(包括举手回答问题次数、破坏课堂纪律如乱说话、破坏硬件设备的次数等)、上交电子作业情况(次数及成绩等)等。通过查看此类记录，教师能对学生在整个学习活动中的表现做出量化评价。

三、信息技术与日语课程的整合

(一)认识信息技术与日语课程的整合

信息技术与日语课程的整合，就是根据日语教学的需要，以信息技术为先导，以建构主义理论和整体语言法为指导，充分发挥多媒体设备的工具性功能、互联网的资源优势等信息技术的功能，使信息技术有效地融入日语教学，充分调动学生的主动性、创造性，从而推动传统的以教师为中心的教学结构和模式的根本性变革，提高教学质量和效率。

(二)信息技术与日语课程整合的价值

首先，信息技术可以在教学过程中创建出真实生动的语言学习环境，激发和培养学生学习日语的兴趣，有利于学生自主学习。目前，国内绝大部分日语专业的学生都是在进入大学之后从零开始学习日语。这个时候学习日语已经错过了语言学习的优势时期，因而日语教学要注重对学生兴趣的激发和培养。整合了现代信息技术的教学过程，可以创设出生动的、交际性的日语学习情境，帮助学生在教学过程中保持积极的情绪，在兴奋、愉快的环境中学习并运用日语。

其次，现代信息技术可以营造真实的日语交际情境，有利于提高学生的日语交际能力。缺乏交际性语境的课堂容易导致学生语言交际能力和语用能力薄弱。信息技术具有信息处理和人机交互的功能，多媒体教学集声音、图像于一体并可以及时反馈，以活泼多样的教学形式，将学与练有机地结合在一起，能提高课堂日语交际的效用。

四、信息技术与日语课程整合的路径

(一)构建信息化环境

协同学习是基于协同学习的原理，将学习置于复杂的、有意义的问题环境中，并运用信息技术在沟通中的优势，实现学生之间的合作的一种学习方式。合作学习策略在促进学生进行多种高层次的认知活动、增强学生的实际应用能力和解决实际问题的能力方面具有显著的效果。信息技术可以使合作学习得到更好的发展。

信息技术的应用不仅带来了便捷的通讯、丰富的资源，还能够帮助参与者克服空间和时间的限制进行协作，一起解决问题。同时，网络中的海量信息也为问题的求解提供了大量的参考数据。在课程整合的过程中，教师可以通过精心设计，让学生在信息化的环境中进行合作，从而达到学习日语的目的，培养学生的协作能力。探究式学习策略指在信息技术的背景下，通过发现问题，进行实验、操作，调查、收集和处理信息，从而获取知识、发展技能、发展创造性思维和动手能力的一种学习策略。探究式学习策略提倡学生积极参与学习，对于一些具有探索性质和有难度的教学内容，学生可以采取这种学习策略。在合作学习的氛围中，所有参与者都能够在学习的过程中了解目前个人日语学习的缺陷，并利用一段时间的学习和探讨，帮助自己克服现有的学习障碍，学习他人先进的学习方法，掌握更多的日语知识。

(二)确立科学的语言教育理论

要使学生在语言学习过程中有效提升语言交际能力，就要确定一种符合语言学习规律的教学方式，也就是营造一个适合日语语言综合训练的环境。而要营造和创设这样的教学环境则需要依托科学的教育理念和现代信息技术。在很早以前，国内外的语言教学就提倡发展建构主义理论指导下的计算机多媒体语言教学。在建构主义理论指导下，教学的中心由教师转向学生。在行为主义和认知主义者的观点看来，媒体主要的使用者是教师，而在建构主义者看来，主要使用者则是学生。

日语课堂可借鉴“整体语言法”思想来指导教学。整体语言法强调语言的整体性，主张对语言能力的培养是整体性的，语言学习过程应在自然、真实和完整的语言情境中进行。整体语言法主张将听、说、读、写等技能训练融为一体，注重各项技能在教学环节之间的关联，提倡将语言完整地展现在学生面前。从某种意义上讲，建构主义原则指导下的信息化教学可以被看作是整体语言法依托现代信息技术找到的一种非经典意义上的实现方式。其原因在于，它除了在建构主义的意义上给学生营造一个较大的自由空间之外，还将原来通过若干门课程分别对各类语言技能进行训练的过程转变为一个学生多维度参与、接受和反馈的视、听、说一体化的综合训练过程，并依托“整体”与“建构”理念，利用现代教育信息技术手段，为学生营造和创设了一个通过综合训练获取日语综合交际能力的环境。

(三)创建“主导—主体型”教学结构

现代信息技术与课程整合的实质是变革传统的教学结构，即改变以教师为中心的教学结构，创建新型的既能发挥教师主导作用，又能充分体现学生主体地位的“主导—主体型”教学结构。因此，信息技术与日语课程的整合应该紧紧围绕新型教学结构的创建来进行。教学结构是教学系统的四个要素，即教师、学生、教学媒体、教学内容，相互联系相互作用的具体体现。对教学结构进行整合，要围绕创建“主导—主体型”教学结构这一理念。这就要求教师在进行信息技术与日语课程整合的过程中，密切关注教学系统四个要素的地位与作用，并认真分析，采取相应的措施，从而实现教学模式有效的、深层次的整合。

(四)创设虚拟的学习情境

创设虚拟情境是利用多媒体技术、网络技术和计算机技术为学生创造一个能够充分运用个人想象并进行实际操作的虚拟学习情境。创设虚拟情境能提高学生的学习热情和实践能力。在课堂上，对于一些学生需要进行情感投入和身心体验才能掌握的内容，教师可以采取这种方法。例如：利用图片、音乐和视频进行日语教学，甚至可以运用动画等多种形式创造真实的日语交际情境，让学生亲身体验和感受日语的迷人之处。

第四节　移动学习理论

一、移动学习的内涵

从教育学基础理论看，学习是个体在技能、经验等方面发生变化的过程。单独从数字化学习、移动学习或远程学习角度来描述学习，都是不太合理的。也就是说，用媒体和传播技术来对学习进行分类，是相对随性且毫无科学依据的。这种看法在某种程度上忽视了移动学习这一概念只在于表达学习资源是以数字信号的方式进行存储的，并不意味着学习本身是数字化的或远程的。

移动学习是以通信与信息技术为基础呈现的教育形态。① 移动学习这一概念至今仍处于模糊不清的状态。这一现状反映了移动学习在理论和实践上的不足。对移动学习的界定是从教育实践层面展开的。一种观点是，移动学习是远程教育发展的第三个阶段；另一种观点认为，移动学习是数字化学习的扩张，是借助移动通信设备获取知识的过程。从认知与学习的角度看，移动学习的移动性和情境相关性使其成为一种完全不同的学习方式。

笔者认为，移动学习是指利用无线移动通信网络技术及无线移动通信

①李海波，许小媛，张露．基于微信的移动学习活动设计与实践[J]．创新创业理论研究与实践，2023(11)：169－172，183.

设备(如移动电话、个人数字助理 PDA、Pocket PC 等)获取教育信息、教育资源和教育服务的一种新型学习形式。①

二、移动学习的要素与特点

(一)移动学习的要素

移动学习由学习主体、学习设备、学习资源、学习环境、学习系统、学习活动组成。

1. 学习主体

移动学习的学习主体范围非常广。只要主体需要进行学习，并拥有学习设备，如智能手机、平板电脑等，即可在任何地点、任何时间开展移动学习。因此，移动学习的主体不受年龄、性别、学历、职业等的限制。移动学习能赋予学习主体平等的学习机会。

2. 学习设备

移动学习是在移动设备帮助下开展的学习。因此移动学习设备必须符合移动学习的特性，即便携性和通用性。移动学习设备可以是智能手机、平板电脑、笔记本电脑等。

当今智能手机已经得到普及，通过一台智能手机，人们随时随地可以上网，因此，智能手机成为大多数人首选的移动学习设备。学习者可以用智能手机下载学习类的应用程序或者教学音频、视频，也可以用手机登录一些网络教育平台进行学习。由于智能手机的便携性和其他诸多功能，智能手机已经成为移动学习的主流终端设备。

平板电脑也可以上网并下载相关的学习资源。平板电脑的体积较大，这既是平板电脑的优点也是缺点。优点在于平板电脑屏幕比较大，视觉感受比较好，另外平板电脑的整体性能优于智能手机，但是缺点也在于其体积较大，不方便携带。

笔记本电脑的功能和性能更加强大，但由于其体积更大，更不方便携带，因此使用率也不是很高。但是对于某些对学习设备硬件要求较高的移

①王保中．本真学习的构想 兼议代表性典型学习理论[M]．哈尔滨：哈尔滨出版社，2021：61.

动学习项目，如多人在线视频学习、慕课和一些需要运行某些软件及程序的课程，笔记本电脑便无可替代了。

3. 学习资源

移动学习的学习资源和传统的学习资源在结构和内容上都有较大的区别。在移动学习环境下，因为学习设备的快速发展，学习者使用的设备种类越来越丰富，而不同设备对学习资源的支持条件不尽相同。因此在设计移动学习资源时，要注意学习资源设计的规范性和自适应性。

在学习资源的内容设计上，也要关照移动学习片段化的特点。移动学习资源的设计一般是以知识元为核心，对移动学习资源进行分割，按照知识元内容之间的联系将其连接成一个知识系统。移动学习资源的设计还要考虑到学习者在进行移动学习时，一般都具有较强的学习动机，因此移动学习资源的设计要明确、直接、可预览。

4. 学习环境

移动学习环境是指学习者进行移动学习的虚拟环境。基于互联网环境，移动学习能帮助学习者突破时间和空间的限制在不同情境下开展学习。在学校，移动学习被用作衔接正式学习与非正式学习的手段。通过移动学习设备来支持和连接学习，可以把课堂内外的、校园内外的学习紧密结合在一起。

5. 学习系统

移动学习系统是根据学习目的和学习内容来设计的学习系统。针对不同的学习目的和学习内容，有不同模式的学习系统。一个完整的移动学习系统应符合合规性和规范性需求，提供操作性指南，具有良好的自适应设计，为学习者提供学习支持，如相关学习消息的推送、支持线上线下操作的学习培训等，为学习者提供良好的学习体验。

移动学习系统可以分为移动学习用户端和移动学习管理端。移动学习用户端是学习者进行学习的途径；移动学习管理端是进行学习系统管理的平台，是学习系统的管理人员进行学习通知发布、学习任务发布、学习资源上传、学习者数据分析等操作的平台，是移动客户端的支撑平台。

6. 学习活动

对于学生来说，移动学习的学习自由度比较大、自主性比较强，因此组织好学习活动对于保证移动学习的质量有重要作用。移动学习中的学习活动设计也是非常重要的。进行移动学习活动设计，不仅要具有教学设计的思想，还要考虑到移动学习的特点，重视学习者的移动学习体验。

移动学习活动设计主要包括学习者特征分析和教学情境分析、教学内容和教学目标分析、学习资源的设计与开发、移动技术与教学环境的整合、移动教学策略的设计及移动学习结果的评价。现在比较常见的移动学习模式有翻转课堂和混合学习等。

（二）移动学习的特点

移动学习是新兴的教学模式，是高校教学改革的新焦点。[①] 学生可以随时随地借助手机、平板电脑等设备获得海量学习资源，实施自主学习，弥补课堂教学的不足。移动学习具有以下特点。

1. 便捷性

随着电子技术的不断进步，移动电子设备也更加小巧、轻快、便捷。学习者不仅可通过平板电脑、手机等移动电子设备来进行资料阅读、检索、学习、会话、游戏、观看视频等活动，还可将学习内容储存到移动设备中。由此可见，移动学习具有较强的便捷性。

2. 移动性

随着时代的发展，人们的生活节奏逐步加快，进而导致生活、学习时间等逐渐碎片化，集中学习的时间变少。移动学习模式的出现突破了以往传统课堂教学的时空限制，让学习者可以通过移动设备打开互联网终端，随时随地进行移动泛在化学习。

3. 交互性

通过移动学习的方式，我们可以改变传统日语口语教学模式，将其转变为新时代沟通式的教学模式，师生和学生之间可通过移动设备随时保持沟通和交流、分享与共享。此外，结束线上学习后，学生还可以通过互联网平台进行留言，也可以通过 QQ、微信等方式进行交互活动。因此，移动学习具有很强的交互性。

---

①苗欣，张晓娜．基于手机 APP 移动学习平台的高职日语教学模式研究[J]．教育教学论坛，2020(40)：377－378.

(4)个性化

学习者可以根据自身的喜好、学习资源形式、学习目的等自主选择移动终端、学习内容与方式，设定学习的进度，实现个性化学习。[①]

三、借助移动学习终端开展日语教学

移动终端教学指运用移动网络技术、通信技术，通过科技终端，实现随时随地学习的一种碎片化学习方式。[②] 利用移动学习终端，教师可以极大地激发学生学习日语的积极性，使其对日语产生浓厚的兴趣，并最终促使日语教学质量显著提高。

(一)基于移动终端的教学模式

1. 信息交互式学习模式

信息交互式学习模式借助社交软件实现。在开展授课前，教师常常会创建群，并且作为群的管理者。每次上课前，教师在群里发布学习任务，由学生自行查阅学习资料或上网浏览得到所需信息，课堂上，教师带领学生一起做总结和梳理。信息交互式学习模式的优点有以下两点。第一，在课堂上，学生往往因过于紧张而不能好好思考或回答问题。教师通过群与学生建立联系，提前分配任务，留给学生充足的思考时间，可以降低学生的学习挫败感，提升成就感，为学生营造宽松的学习氛围，从而提高其学习热情。第二，学生有疑问可以随时在群里私信教师，也更便于教师因材施教。

2. 基于浏览器的外语查询学习模式

我国教育改革开始至今，从培养学生“学会”到培养学生“会学”，已经取得了长足的进步。当代大学生的“学习力”日益增强，学生对知识的渴求不再仅限于纸质教材中的课程内容，更多学生有通过日语等级考试、出国留学或“想要学得更多、更好”的要求。在这样的“自我学习”模式下，汲取课外知识成为学生的迫切需求，移动终端设备，尤其是智能手机，也成为

①乜勇．实用教育技术[M]．西安：陕西师范大学出版总社有限公司，2020：228.

②史妍妍．基于移动学习终端的日语教学模式的研究与探讨[J]．黑龙江科学，2018(21)：70－71.

学生首选的学习工具。在“自主学习”过程中，遇到难题时，学生可立即登录浏览器进行搜索，找到答案，省时、省力又高效，学习也能顺利进行。

3. 基于可视通话的交互学习模式

外语的学习要以“听”为起点，以“说”为途径，以“读”为媒介，以“写”为提高，以“译”为目标。作为第二外语的大学日语课程，与专业日语相比，课时少、任务重是教师目前面临的难题。为培养学生听、说、读、写、译的能力，除进行课堂教学外，教师可建立日语聊天群，利用课余时间定期开展热点问题讨论，也可邀请日语外教参与在线活动，实现多人同时视频通话，让学生更多地接触日语语言环境，提高日语语言技能。这种基于可视通话的交互学习模式具有以下优点。第一，能增强师生互动，拉近教师与学生的距离，建立师生间深厚的信任关系，保持学生高涨的学习热情。第二，能帮助学生摆脱哑巴日语的学习局面，做到学以致用。第三，能帮助学生加快学习进度、拓宽知识面，让教师更好地贯彻新版教学大纲的指导思想，培养更加优秀的外语人才。第四，能实现学习资源共享，教师与学生共同进步。

(二)移动终端在高校日语教学中的应用

1. 移动终端在日语口语教学中的应用

首先，日语教师可以广泛使用网络平台开展日语教学，不管使用怎样的平台，最终目的都是提高学生的日语口语表达能力和交际能力。根据学生日语学习的程度和具体需求，教师可设计多样化的学习模式，如一对一教学、小组演练、多人线上口语角等，满足不同学生的不同需求。教师可以用学生感兴趣的话题导入，鼓励并且引导学生多说多练。设置的主题应源于生活，具有一定的讨论价值和趣味性。教师应构建日常生活、校园生活、旅游出行、商务职场等多种场景，运用多样的交际情境切实提高学生的口语水平。教师还可设置原声模仿、影视配音练习模块和闯关式训练模块，全方位帮助学生提升听说能力。除了网络平台，教师还可以利用微信交流平台向学生推送学习资源、发布学习任务。具体来说，可通过群聊、小程序，充分实现人机交互和学、练、评三位一体。这就打破了时间和空间对传统教学模式的限制，在一定程度上解决了传统高校日语口语教学的诸多问题。

其次，日语发音软件能辅助日语发音教学。在学习日语的过程中，重点以及难点问题都是发音问题。准确的发音能够帮助学生提高语言学习的效率。日语发音中即使同一个音节也有两种不同的写法，分为平假名和片假名，这会给学生的日语学习增加一定的困难。但随着手机、平板等移动终端设备的快速普及，大量的日语发音软件能够有效地辅助日语发音教学。移动终端设备的移动性能够使学生不受时间及空间的限制，利用碎片时间随时进行学习，提高学习效率。有些软件能够针对学生的记忆特点制定科学的教学规划，强化学生的发音，并对学习过的内容进行系统性的复习巩固，提高学生日语发音学习的效率，有效纠正错误发音，正确引导学生，提升日语发音教学的效果。

最后，在线日语交流平台能辅助教师进行日语口语教学。在传统的日语教学过程中，多数学校会选择组织开展日语角活动以扩大学生的日语交流空间，增加学生用日语交流的机会。随着信息技术的不断发展和进步，学校可以开展在线日语角活动。在线的日语交流平台能够容纳更多的学生。学校可以有效利用移动终端设备构建学生日语交流平台，定期开展交流活动，话题范围可涉及当前时事热点和专业问题等。这些都可以通过QQ、微信等网络通信软件来实现，如创建 QQ 群、微信群或发微博等。在线日语交流平台能够有效增加学生与学生之间、学生与老师之间的互动。另外，活动组织者还可以邀请专业的老师、外教或日本留学生参加，提高日语角的语言质量，帮助学生打破哑巴语言的束缚，丰富的实践经验，提高日语学习的效率，提升学习日语的自信。此外，在线日语角还能够帮助学生解决日语学习过程中遇到的问题，辅助教师的日语课堂教学。

2. 移动终端在日语阅读教学中的应用

在日语教学的过程中，教师应当根据实际情况对日语阅读课程进行改革和创新，革新教学观念，以信息化时代背景为依托，重点利用移动终端设备提高日语教学的实际效果。随着社会经济的不断发展，阅读教学已成为语言教学的主要载体，人们可以通过“读”获取知识信息、增长见识、提高修养。因此，阅读教学是语言教学过程中重要的一环，能够帮助学生获取大量的语言知识，了解日本文化和传统。

在信息时代，各种移动终端不断涌现，直接促进了日语教学的发展。

教师可利用移动终端收集各种日语教学资源，同时对教材进行深入研究，将搜集的各类型教学材料与教学内容进行有机整合，制作教学视频，并将其上传到移动终端平台上。课前，教师需要借助移动终端给学生布置预习任务，学生在移动终端上打开教师提供的学习视频进行学习，同时还可以实时与教师互动。在教学过程中，教师应改变单一的讲授方式，结合多媒体技术和移动技术，就关键知识点展开重点讲解或组织讨论，帮助学生理解和掌握有效信息，扫除阅读中产生的障碍。在课后，教师还需要结合教学材料的特点与学生的语言学习水平，精选日语学习 APP 或公众号中的内容推送给学生。

当然，任何事物都有双面性，移动终端在带给学生便利的同时也给学生的学习带来一些负面影响。如何合理利用移动终端优化教学效果是高校教学改革需要研究的课题。①

总之，我们应当紧跟时代步伐，适应社会需求，不断突破创新教学模式，根据现实情况选择合理的教学手段，正确地引入移动终端设备辅助日语教学，进而提高教学质量，强化学生自主学习的意识，全面提高教师在日语教学过程中与学生之间互动的频率，拉近教师与学生之间的距离，提高学生日语学习的质量。

①罗春霞，邓小荣．高校日语阅读课程教学中移动终端的应用[J]．广西教育，2020(7)：150－151.

第三章 信息技术与大学日语教学的融合

现如今，随着信息与互联网技术的飞速发展，社会各行业、领域之间的融合趋势日益增强。大学日语教学与信息技术的融合也是顺应时代发展趋势的，高校应积极探索信息技术与大学日语教学融合的规律与路径。

第一节　多媒体技术与大学日语教学的融合

一、多媒体技术概述

“媒体”在计算机领域有两个含义：一是指存储信息的实体，如磁盘、光盘、磁带、半导体存储器等；二是指传递信息的载体，如数字、文字、声音、图形和图像等。① 多媒体技术中的“媒体”指的是后者。人类在信息交流中要使用各种信息载体，多媒体就是多种信息载体的表现形式和传递方式。

人们普遍认为，多媒体是指能够同时获取、处理、编辑、存储和展示两个及两个以上不同类型信息媒体(如文字、声音、图形、图像、动画、视频等)的技术。② 从这里可以看出，我们常说的“多媒体”最终被归结为

①吕光金．多媒体技术与实战[M]. 上海：上海财经大学出版社，2020：1.

②张帆，赵莉，谭玲丽．计算机基础[M]. 北京：北京理工大学出版社，2021：192.

一种"技术"。[1] 事实上，也正是由于计算机技术和数字信息处理技术的实质性进展，才使我们今天拥有了处理多媒体信息的能力。所以，现在所说的多媒体常常不是指多种媒体本身，而是指处理和应用它的一整套技术。因此，多媒体实际上常常被当作多媒体技术的同义语。此外，还应该注意到，多媒体技术往往与计算机联系在一起，这是由于计算机的数字化及交互式处理能力极大地推动了多媒体技术的发展。通常可以把多媒体看作是先进的计算机技术与视频、音频和通信等技术融为一体而形成的新技术或新产品。

二、多媒体技术与大学日语教学融合的优势

(一)营造良好教学环境

多媒体技术作为一种现代化教学的辅助性手段，能够有效调动广大学生的听觉与视觉，营造愉悦轻松的教学环境，提高学生的学习兴趣。兴趣作为学生学习的最好老师，不但能够提高学生的学习动力，而且能激发学生的求知欲，从而实现日语教与学的实效性。多媒体教学手段构造出的日语交流环境，能够让学生真切感受到原汁原味的日语语言，强化学生对日语知识的实际应用能力，提升学生的日语综合技能。

(二)全面提升教学效率

大学日语教学中引入多媒体教学，一方面使得教师可以将自己的课件通过多媒体进行演示，而不用一一进行板书，大大节省了教学时间。另一方面，多媒体教学手段也避免了传统教学模式中教师常出现的口述不清或者笔误等现象。课堂教学结束后，学生还可以拷贝教师的课件，便于课后进行自主学习，这也提升了学生学习的针对性，有助于学生对课堂所学知识进行全面消化、理解与掌握。

(三)提升教师的综合素质

应用多媒体教学需要高校日语教师掌握并熟练应用计算机等电子元件，会用多媒体进行教学。这就促使教师在提高个人计算机应用技能的同

---

①张才明．管理信息系统 修订版[M]. 北京：企业管理出版社，2020：133.

时，不断思考与改进教育方式，有利于高等院校日语教师队伍整体素质的提升，更有助于推动我国大学日语教学的进步与发展。

三、多媒体技术与大学日语教学融合的困境

(一)知识结构不够系统

多媒体教学的显著特征就是屏幕演示，其优点在于创设的课堂情境较为逼真，能够让学生沉浸在真实的日语交流环境中，感受日语交流过程中人物的一言一行。但多媒体教学也存在一定的缺陷，即通过多媒体演示，虽然学生看到了很多的文字、图片、视频等信息，但这些信息是碎片化的，很难形成系统化的知识体系，无法让学生明确所学知识的重难点，对日语知识的吸收、强化及巩固等非常不利，无益于构建系统化的知识结构，也会直接影响大学日语教学目标的实现。

(二)师生互动少

多媒体必须由人一步步进行操作，这就要求教师必须时刻通过电脑对教学课件进行控制，而学生也必须将注意力放在观看屏幕内容上。这种情况会直接导致师生之间互动量的大幅缩减，久而久之会对大学日语教学效果产生直接的负面影响。因此，如何在应用多媒体教学的基础上最大程度地加强师生之间的互动与联系，已成为当前多媒体技术在大学日语教学中应用的研究重点。

(三)学生自主能力较差

多媒体技术应用于大学日语教学时，需要学生具有较强的自主学习能力。学生自主学习能力的高低会直接影响大学日语的学习效果。近年来，各高校的培养模式逐渐从以教师为主体向以学生为主体过渡，提倡大学生自主学习。多元的社会环境和新媒体的普及为大学生自主学习提供了有利条件，然而调查研究发现，新时期大学生的自主学习能力表现并不理想。[①] 高等院校虽注重培养学生的自主学习意识，但实际对学生自主学习缺乏积极有效的引导，学生在自主学习意识、情感、技能等方面有待提

①袁楠，陆敬文．提升大学生自主学习能力的策略[J]．文教资料，2021(6)：148－149.

高。作为一种现代化教学手段，多媒体教学在当前大学生自主学习能力普遍较弱的情况下，导致大学日语教学质量不高。

四、多媒体技术与大学日语教学的融合路径

（一）创设逼真的教学情境

大学日语教学的根本目的在于培养具备听、说、读、写、译全方面技能的外语人才。日语交际能力与交流技能的获取需要经过反复的实践与应用，所以，创设逼真的教学情境在日语教学中十分关键。多媒体是集图像、文字、动画、声音等于一体的现代化科学技术，能够创设形象、逼真的语言交际情境，帮助学生产生身临其境的感受，进而激发其学习热情与学习兴趣。大学日语的教学过程中常采用多媒体教学手段为日语课堂营造良好的教学氛围与环境。教师可通过角色扮演、游戏、组织讨论等活动培养学生的日语思维习惯与日语思维能力，进而有效提升学生的日语交流能力。自由轻松、形象逼真、能促进发散思维的教学情境，在最大程度上改善了学生学习的被动状态，帮助学生克服紧张、尴尬及胆怯等一系列负面心理反应，确保了大学日语的教学质量与教学成效。

（二）促进师生的合作交流

现代大学日语教学要努力摆脱传统的“填鸭式”教学模式，改变课堂教学中教师机械讲、学生被动听的落后教学形式，促进大学日语教学过程中师生之间的合作交流。比如，在大学日语教学课堂上，教师应突破以往“决策者”的地位，将自己在课堂上扮演的角色定位为“组织者”，积极组织学生参与课堂互动，将学生划分成不同小组，鼓励学生对多媒体播放的教学视频或电影片段等进行课堂讨论，强化学生的日语语言实践应用能力，努力构建和谐轻松的师生关系。现代日语教学非常重视语言交流技能的培养，与学生确立民主平等的师生关系，不仅表现了对学生主体地位的尊重，而且可以提高学生的学习主动性与积极性。所以，大学日语教师应该充分利用多媒体教学手段的优势，营造浓厚的自主学习氛围，鼓励学生对所学知识进行自我消化、理解与深入探索，激发学生通过各种途径拓展日语视野的动力，如学习网站、手机外语学习软件等，并定期或不定期地组织学生进行交流，从而不断提升学生的日语学习能力与日语水平。同时，

师生之间进行合作交流，还能够最大限度地提高时间利用率，及时解决各种问题、化解困惑，帮助学生提升日语学习的质量。

(三)科学准备多媒体课件

在日语教学中应用多媒体技术，对多媒体教学课件的准备、制作与使用要求很高，一方面要求日语教师掌握制作与使用课件软件的相关技能，另一方面要求日语教师充分了解教学大纲与教材内容，明确教学目标与教学重点、难点，同时还要搜集充足恰当的教学资料并对其进行排版和制作。由于长期采用传统板书教学模式，因而运用多媒体技术对多数大学日语教师而言是一种巨大的挑战。教师需要一定的时间适应和学习。部分日语教师在教学活动中运用多媒体技术时，由于在制作课件时对学生的能力水平、课件的实用性及课程内容的合理安排等考虑不周，过于追求艺术效果，使多媒体课件制作状况不佳，对学生的学习效果、课堂教学效率等产生了不利影响，降低了学生在日语课堂教学中的主观能动性，未能真正发挥出多媒体技术的应用优势。① 因此，要最大程度地发挥多媒体技术在日语教学中的作用，广大教师必须端正态度、认真学习，明确教学目标和教学重难点，并结合学生实际水平和学习情况制作能满足学生实际学习需要，提高学生对日语课程期待的多媒体教学材料。

五、多媒体技术与大学日语教学融合的注意事项

(一)转变教学观念

多媒体教学是现代化教学手段的典型代表，运用多媒体教学必须摒弃传统的“填鸭式”或者“灌输式”的陈旧教学思想，杜绝出现教师“照着念”这种填鸭式的教学方式。全新的大学日语教学方式要求教师从机械性地讲授语法、词汇的教学状态中解放出来，真正扮演好教学辅助者的角色，树立现代化的教学理念。同时，学生也应该摆脱传统的被动式学习方式，主动学习，积极参与整个教学过程，提高个人在日语学习中的自觉性、目的性与主动性。

---

①李笑楠．新媒体时代日语教学应用研究[J]．中国报业，2022(12)：124－125.

(二)避免形式主义

在国家大力号召采用新科技进行教学的政策指引下，很多高校出现了日语教师为使用多媒体教学而使用多媒体教学的情况，即纯粹的形式主义。这不仅没有发挥多媒体教学手段应有的优势与作用，反而严重阻碍了大学生对日语知识的学习与掌握。所以，广大高校日语教师应树立正确的多媒体教学观念，精心准备每一个课件，尽量杜绝采用无关的信息材料，避免形式主义，实现多媒体在大学日语教学中功能的最大化与价值最大化，推动我国大学日语教学的可持续健康发展。

(三)融合教学手段

在大学日语教学中应用多媒体教学手段，并不是要彻底取代传统教学模式。虽然多媒体教学手段有很多优点，但传统教学模式依然有其独特的教学功能与价值。对当前大学日语教学而言，无论单纯采取多媒体教学手段，还是单纯使用传统教学模式，都无法实现大学日语教学成效的最优化。只有将多媒体教学与传统教学模式科学合理地结合在一起，才能够推动大学日语教学质量的提高。具体而言，对于具有较强交际性的知识点，教师可以使用多媒体教学手段，帮助学生从发音、词句、表情、肢体动作等各方面理解与掌握所学内容；对一些需要深入阐释的知识内容，教师可运用传统教学方法进行讲授，帮助学生更好地理解其深层含义。多媒体教学手段与传统教学模式的相互结合，能够弥补彼此的不足与缺陷，提升大学日语的教学成效。

总而言之，运用多媒体教学手段的目的是完善教学模式，提升教学质量与教学成效。当前我国学习日语的大学生所学专业不仅涉及文科类、艺术类，还涵盖理工类等。针对当前学习日语的大学生专业不同、水平不同的现状(如工科类的大学生因专业跨度较大、日语课程内容较多、课时较少、自主学习能力不强等原因，在学习日语时会遇到更多的困难)，我国大学日语教学模式必须进行改进与革新以满足不同学科不同水平学生日语学习的需求。应用多媒体教学手段不但可以改变大学日语传统的课堂教学方式，而且能够激发学生的学习兴趣、丰富教学资源、拓展学生的视野与知识范围。所以，在教学过程中，大学日语教师应科学合理应用多媒体教学方式，提高日语教学的活力，提升大学日语的整体教学效果。

第二节　云计算技术与大学日语教学的融合

一、云计算技术概述

(一)云计算技术的含义

云计算是在分布式系统、网格计算等发展的基础上提出的一种新型计算模型，是一种新兴的共享基础架构的方法，它面对的是超大规模的分布式环境，核心是提供数据存储和网络服务。云计算借用了量子物理中的“电子云”思想，强调计算的弥漫性、无所不在的分布性和社会性特征。“云”是指计算机群，每一群包括了几十万台甚至上百万台计算机，是数据存储和应用服务的中心，用来完成存储和计算的工作。“云”中的计算机可以随时更新，并且这种更新是透明的。在云计算中，用户所处理的数据并不存储在本地，而是保存在互联网的数据中心，用户所需的应用程序并不运行于用户的个人电脑、手机等终端设备，而是运行于互联网的服务器集群。提供云计算服务的企业负责管理和维护这些数据中心的正常运作，为用户提供足够强大的存储空间和计算能力。用户只需接入互联网，就可以通过电脑、手机等终端设备，在任何地点、任何时间方便快捷地使用数据和服务，而不需关心存储或计算发生在哪朵“云”上。

(二)云计算技术的特征

云计算对用户端的设备要求最低，使用起来也最方便。只要有一台可以上网的电脑，并安装浏览器，就可以尽情享受云计算带来的无限乐趣。用户可以随时与朋友分享信息，不用担心软件版本是否更新，也不用为软件或文档染上病毒而发愁。

云计算可以提供最安全可靠的数据存储中心，用户不用担心数据丢失、病毒入侵等问题。因为在“云”的另一端，有专业的团队来管理信息，有先进的数据中心来保存数据。同时，严格的权限管理策略可以让用户放心地与指定的人共享数据。

云计算可以实现不同设备间数据与应用的共享。在云计算网络应用模式中，数据只有一份，保存在“云”的另一端，用户的所有电子设备只需连接互联网，就可以同时访问和使用同一份数据，从而轻松实现不同设备之间的数据与应用共享。

二、云计算技术与大学日语教学融合的优势

语言学习不能等同于知识或技能的学习，学习语言的过程也是一个社会化的过程，在语言学习过程中，仅仅提供可理解的输入是不够的，还需要创设真实的社会交际机会。学习者在交际的过程中应积极探索，建构自己的语言系统。如今，高校教学仍存在教学方法单一的问题，青年教师对于新授课、复习课、讲评课等不同课型采用的教学方法比较单一，课堂氛围死气沉沉，缺乏生命力。[①] 而基于云计算的各种优点，这样的情况会得到根本性的转变。

(一)构建真实网络学习环境

日语教师可以通过云计算技术，在互联网上获得足够的信息资源，通过影音裁剪、动画制作等方法营造一个真实的具备图像、语音、文字，甚至是一个全三维的语言环境。鲜活变幻的影像、制作精美的画面、形象直观的描述、丰富生动的信息，这一切当然会比黑板上的粉笔字和教师的陈述更加活泼生动。云计算技术使一些传统教学方法很难表达的教学内容或文化内涵形象、生动、直观地显示出来，从而加深学生理解，从不同角度激发学生的语言学习兴趣，从质上改变传统的教育模式和学习模式，同时也有助于学生学会在真实的环境自如运用日语，切实提高学生的应用能力。

(二)改变现有移动学习模式

在云背景下，大量教育资源将存储于云服务器中，日语学习者无需再通过短信或站点点播方式，只需使用移动设备通过浏览器即可接入“云”端存储器自行选择学习内容进行学习，而且云计算整合了多方计算机、互联网新技术，突破了单一协议的限制。因此，有了云计算，就可以更好地促

---

①袁成，林光辉，王慧茹．青年教师专业成长的自我修炼[M]．成都：四川大学出版社，2021：22.

进移动学习，随时随地地进行教学活动。学生在任何时间、任何地点，想学习教师讲过的知识，就可以打开手机、平板或者笔记本电脑，在线查看教师的电子教案或视频教学；教师也可以将教学任务带回家完成。

（三）创建自主虚拟的学习社区

虚拟社区实质上是一种特殊的学习环境，学习者根据自己的需要有方向地选择适合自己的社区，发展自己的特长并和社区成员分享知识、互助合作。然而，由于技术和资源等方面的原因，目前虚拟学习社区的构建仍要依托特定的教学机构，其辐射范围、学习者构成、学习内容、学习策略等往往受该教学机构的限制，学习者个性不能得到充分展示，社区成员间的知识共享、交流协作依旧受制于教学机构。而在云计算下，所有资源和应用程序都被整合在“云”端，每个日语学习者都可以利用这些资源和应用程序自由地创建虚拟社区，构建自己的虚拟学习环境，跟具有共同学习目标的其他学习者一起进行协作学习。由于这些虚拟社区由学习者自主创建，因而学习者可以充分发挥特长、展示个性，自由地交流。而且，对于众多日语学习者而言，丰富的网络资源为日语学习研究带来新的可能和契机。充分利用网络资源可以克服现有条件的限制，学习者虽身居国内，也可以随时随地获取与日本同步的最新信息，使学习研究更加便捷。根据资源的利用目的和资源形态的不同，日语资料大致可以分为文字资料（阅读材料）、文字有声材料（听力材料）、文字有声影像材料（在线文字视听材料）、在线词典、语料库、研究文献检索等。学生可以轻松地通过互联网登录国外媒体获取这些资料，随时感受到发展着的、现实的语言实况。

（四）降低移动学习设备要求

目前，移动学习设备存在的问题仍然是制约移动学习发展和普及的重要因素。主要存在的问题如下：

(1)信息处理能力低，计算速率远不及普通计算机；

(2)链接不同类型装置时有困难，移动设备对器件性能要求很高；

(3)由于协议访问限制，大部分移动设备多媒体资源的传输受限制。

云计算技术的出现，为这些问题提供了很好的解决之法。“云”计算环境下，所有的数据存储和处理都将在“云”端的计算机群进行。依托其强大的计算能力，云端的处理速度要比个人计算机快得多，而且还能完成一些个人计算机无法应付的数据处理任务。对于日语学习者、研究者而言，这不但降低了日语学习者的学习门槛，而且降低了学习成本，有利于让学生拥有更多的控制权，促进学习者增加对个人学习行为的责任感，为培养学习者的自学能力创造了良好条件。云计算使学习者能够随时随地获取信息，扩大了信息的流通量。因此，云计算技术的出现及应用必会给日语教学及学习带来一种全新的格局。

云计算技术的出现，不但为日语教学者提供了全新的机遇并推进传统教学模式的转变，而且从多方面改变了日语学习者的学习方式。在以终身学习为主导的现代社会背景下，高校日语教育工作者应在对云计算技术学习进行研究的基础上，进一步将其应用到更广阔的领域，设计开发更多的教育应用，让学习者实现随时随地、自由化、个性化、多元化的移动学习。由于云计算低廉的成本和便捷性，越来越多的学校和个人把信息处理迁移到“云”上，因此，高校要提前着手探索云计算对日语资源建设、教学方式变化的影响，研究日语学习的云机制，进行日语教学的重新定位。

三、云计算技术与大学日语教学的融合路径

（一）构建日语实践教学场景

实践教学是培养学生掌握科学方法及提高动手能力的重要途径。与理论教学相比，实习实训教学具有更强的直观性、实践性、综合性与创新性，对于学生素质培养及创新能力的提高等具有不可替代的作用。目前来看，教学资源分布不均匀，而且师资、课程方面共享度不够高。① 学生到企业实习存在一定的人身财产安全隐患（如意外伤害、上当受骗等），这增加了实习实训的管理难度，导致学生实习实训次数呈递减趋势，而实习实训次数的减少必然会影响教学效果。② 教学实践证明，采用虚拟教学场景可缓解该矛盾，但其瓶颈是传统虚拟教学平台存在海量数据存储难、计算速度慢、展示效果差等问题。结合云计算特点构建虚拟教学场景，可管理

①崔康平，于凡轩，何钰莹．地方高校教学资源不足的现状及优化策略[J]．科教导刊，2020(14)：13－14.

②寇卫利，胡刚毅，鲁宁，等．高校云计算教学平台应用模式探讨[J]．软件导刊，2020(7)：241－244.

与存储海量模拟数据，并有效提高数据处理速度，提高图像、音频和视频数据质量。虚拟云教学场景利用云计算平台仿真与远程控制技术，将真实教学场景资源进行虚拟化，形成资源池，让学生在线完成实践教学，从而缓解了师资、实验设备投入不足的问题。

(二)创建个性日语学习环境

高校通常以班级为单位制订教学计划、教学内容、实习内容和考核形式，忽视了学生在家庭背景、生活经历、性格、智商、情商及兴趣等方面的差异。受教学条件限制，当前教学也无法根据每个学生的学习行为、学习进度等个人学习数据进行个性化教学。因此，根据学生性格与兴趣的差异构建个性化学习环境并开展精准施教成为当前亟待解决的难题。然而，个性化教学对教学资源的要求较高，而高校的师资及硬件教学资源难以全面支撑个性化教学的开展，云计算平台为解决这一难题提供了新途径。云教学服务平台通过分析学生的家庭背景、学习进度、学习状态等大数据，掌握学生学习特征，再基于这些特征自动调取教学内容与学习方法等资源，进而构建一个可动态调整的个性化学习环境，并能实时、动态调整学习环境参数，从而提高学习效果。

(三)建立虚拟日语学习社区

一个社区可以建立在网络虚拟空间中，各成员不一定互相认识，但能通过网络进行讨论与交流。各成员在商定了目标、规范、义务和沟通方式的基础上构建虚拟社区。虚拟社区将来自不同地域和文化背景的人聚集在一起，可经常性地通过电子邮件、电子公告板、聊天室、论坛和即时通信软件等手段沟通信息、分享知识和经验，以及协作完成日语学习任务。当前，虚拟社区建设尚存在无法有效激发学习者学习兴趣、个性化指导不够、教育资源不足等问题。通过云计算将丰富的教育资源整合于云端，建立一个以学习共同体为目标的虚拟学习社区能有效改变当前状况。社区成员可根据个人喜好和习惯设计自己的虚拟社区，如社区风格样式、学习内容、交流平台等。云虚拟社区使学生学习不再受时间和地点的限制，可最大限度地寻找所需学习资源并进行各种社会性交流，从而克服远程学习带来的孤独情绪，并不断从中得到支持与鼓励。

(四)发展移动日语学习平台

移动学习是指利用无线移动通信网络技术，通过无线移动通信设备(如智能手机、个人数字助理、平板电脑)获取教学信息、教学资源和教学服务的一种新型数字化学习形式。移动平台的学习者只需通过浏览器即可随时随地访问教学资源进行学习。存储于云端的教学资源、学习计划、学习进度等大数据，不但可以随时被用户访问，而且十分安全稳定。目前，移动学习尚存在教学资源分散、平台重复建设、存储空间不足、计算能力有限、交流互动实时性不强、教学资源不足、更新滞后等问题。云教学服务平台可对教学资源统一进行存储管理，并对所有应用程序统一部署，从而有效解决当前存在的问题。随着科学技术的进一步发展，基于移动教学平台的混合式教学模式必将成为未来教学的主流趋势，智能设备也将成为教学的重要辅助工具。①

(五)完善日语教学评价体系

教学评价是根据评价指标对教学过程与教学结果进行价值判断，并为教学决策服务的过程，可起到诊断、激励、调节教学的作用。当前，高校教学评价存在评价主体与目标单一、评价内容片面、评价方法简单、缺乏灵活性以及主观性强等问题。基于云计算的智能教学平台能够基于教学行为和过程的大数据进行教学质量分析与评价，如学习内容、视频观看频次、知识点学习时长、参加讨论频次等基础数据。教学评价指标目前呈现出复杂化的趋势，需要的评价数据量不断增大、数据多样性不断增强，给教学评价带来评价效率低等诸多问题。云计算可以有效地解决以上问题，而且云计算平台能够支持评价者自主选择评价方法，其采用的数据驱动模型能使评价结果更加客观、公正。

①黄晓珍．基于学习通和微信公众平台的移动课堂教学模式实践——以“外国文学”课程为例[J]．福建广播电视大学学报，2020(5)：43－47.

第三节 人工智能技术与大学日语教学的融合

一、人工智能技术概述

从学科的角度来说，人工智能是计算机科学领域的一个分支，是主要涉及研究、设计和应用智能机器等方面的智能科学。从能力角度来说，人工智能是智能机器所执行的与人类智能有关的智能行为，包括学习、感知、思考、理解、识别等，是对人的意识、思维过程的模拟过程。

人工智能技术具有自动、简便、高效、精准等特点，包括三大要素：数据、算力和算法。① 大多数人工智能应用都要求以高质量的、大量的数据为基础，通过高效、精确的算法进行模型设计，再通过云平台或高性能个人计算机进行模型训练，最终获得能够实现某种功能的模型，用于解决实际问题。一些互联网巨头如苹果、阿里、腾讯等拥有海量用户的公司，标注数据工作多为外包项目，标注数据的质量对其人工智能模型的准确性有较大影响。另外，在工业领域，往往需要对大量图片、视频、场景等进行运算，这导致巨大运算量的产生，许多公司不惜重金配置了图形处理器、现场可编程门阵列等硬件，资金负担过重。由于算法方面的专家较少，更好的算法程序也没有被开发出来。这些问题都成了人工智能行业发展中的重点和难点，至今没有得到有效解决。②

二、人工智能技术与大学教学融合的系统成果

(一)智能教育系统

人工智能技术已用于智能教育系统，如模糊逻辑、决策树、贝叶斯网络、神经网络、遗传算法和隐马尔可夫模型。例如，在一些教学系统中，

---

①翁怡．人工智能立法及监管制度研究[M]．北京：中国广播影视出版社，2022：210.

②林熹．区块链导论[M]．北京：机械工业出版社，2022：246.

主要关注点是仔细检查和评估学生的特征，以生成学生的个人资料，目的是评估他们的整体知识水平，这个评估结果可以作为教师因材施教和制定教学方法的依据。人工智能也可促进诊断过程的完成，帮助教师调整课程内容以满足每个学生的需求。基于模型(比如学习者数学知识、认知需求、情感情绪状态等)的智能系统更加灵活，它使用机器学习技术、基于大数据集的自训练算法和神经网络，向不同的学习者提供不同的学习内容。智能教育系统提供最符合学习者认知需求的学习活动，学习者拥有学习控制权，这可以帮助学习者提升自我调节技能，使学习者得到适当的挑战和技能的强化，同时智能教育系统还能及时提供有针对性的反馈。智能教育系统对每一个学生的学习状态进行有效追踪，能及时发现学生的知识断点和薄弱点，可以科学地、有针对性地为学生量身定制个性化的学习路径。

(二)协作学习系统

协作学习能更好地促进学习，提升学习成果。协作学习之所以有效，是因为它激励参与者表达并证明自己的想法，反思他人的想法。参与者拥有不同且互补的知识和技能。每位参与者有虚拟同伴(与学习者认知水平相似的人工学生，但能够引入新想法)，通过建设性对话解决分歧，最后达成共识。协作学习也可以提高学习动机，如果学生关心他们所在的群体，就会更多地参与到任务中，从而获得更好的学习成果。机器学习或马尔可夫建模等人工智能技术已被用于确定有效的协作问题解决策略。① 此外，还可以利用人工智能技术，如机器学习和浅文本处理，来进行分析和总结讨论，引导学生进行富有成效的合作。例如，该系统可能会向指导教师提出警示，告知他们可能需要教师干预或支持的重大事件(例如学生偏离主题或重复误解)。

(三)智能专家系统

专家系统作为一种在特定领域具有大量知识和经验的智能计算机程序系统，能够根据过去的事件和经验进行推理和预判断，并合理地揭示推理结果，它是人工智能应用研究中最成熟的领域之一。应用专家系统辅助完

---

①许鹏飞．人工智能技术对教育教学的影响[J]．现代商贸工业，2022(21)：252－254.

成在线教学也是人工智能与教育结合发展的关键，使用专家系统可以解决该知识领域的各种问题。由于传统的网络教学依赖网络资源，网络资源庞大，质量水平参差不齐，所以学生很难专注于学习过程，学习效率偏低。学校可以通过引入智能教学专家系统，关注教师以往的教学经验和智慧，利用虚拟现实或人机交互，帮助估计学生学习内容、学习效率和学习习惯的统计分布。同时，基于有效的教学方法，它也可以用来避免学生在学习过程中经常犯的错误。其强大的数据存储和分析计算能力，可以改善人脑在遗忘和逻辑相关性方面存在的个体差异，并在以往事实和经验的基础上形成合理的推理和判断。用户还可以通过人机交互界面与专家系统进行交互，这样学习者可省去去从冗余的图书馆数据和专家经验中选择有用信息的过程，直接进入基于专家经验的实施预判断过程，大大提高学习效率。结合学生的认知情况，应用专家系统构建统一的学习认知模型，并生成个别学困生的报告，采取有针对性的引导策略和智能故障诊断，帮助学困生更好地适应学习过程、优化学习效果。

(四)职业教育系统

随着人工智能的发展，职业教育面临前所未有的压力和挑战。人工智能对职业教育的影响是深刻而长期的，原有的职业教育人才培养模式已经难以适应未来产业发展的需要，社会和企业对职业教育人才培养的质量提出了更高的要求。因此，未来职业教育必须升级职业教育人才培养模式，重构专业人才的知识结构和知识体系。随着人工智能的不断发展，教育资源的科学配置和整合日益增多。有了人工智能，教师可以通过关注职业教育的更高维度价值，如学生的创造力、好奇心、多学科思维能力、批判性思维能力和问题解决能力，来引导职业学生进行个性化学习。基于对学生优缺点以及个性特征的分析，人工智能可帮助学生培养良好的学习习惯和行为习惯，纠正不良习惯，并根据学生的实际水平和学习能力实现定制化学习。

三、人工智能技术与大学日语教学融合的实例

(一)人工智能技术与日语教学融合的优势

由于人工智能可以模拟人的语言，因此，教师可以通过人工智能模拟

商务场景及陪练等多种方式，促进日语教学。

1. 提升学生自主学习的能力

人工智能的发展可以为日语学习提供更多的可能性，提升学生自主学习的能力。在传统的日语教学中，学生通常需要依赖教师进行学习和练习，不能灵活地安排学习进度和学习内容，容易产生学习瓶颈。而有了人工智能的技术支持，学生可以根据自己的实际情况和兴趣爱好进行学习，自主决定学习进度和学习内容，提高学习效率。

2. 增强日语实战能力

日语是交流的重要工具之一，但是传统的教学方式下，学生只能在课堂上进行模拟练习，很难达到实际应用的水平。而人工智能的引进为日语教学带来了更多的可能性。在人工智能支持下的商务日语教学中，学生可以通过模拟练习、语音识别、实战演练等多种方式进行实战能力的训练。这不仅提高了学生的商务日语能力，还使学生在应对真实的日语交流场景时更有信心。

3. 有效提升跨文化交流能力

日语教学不仅仅是语言学习，还涉及跨文化交流。在人工智能的支持下，学生可以通过在线文化交流、语言互动等方式与日本本土学生或者商务人士进行交流，了解更多的文化背景，提高跨文化交流能力。

同时，人工智能可以帮助学生识别和理解不同文化之间的差异，促进他们更好地理解和应对不同文化背景下的交际场景。

总之，人工智能支持下的商务日语混合式教学为学生提供了更多的学习机会和选择，不仅提升了学生的语言能力，而且促进了学生自主学习能力、实战能力和跨文化交流能力的提升。

(二)人工智能技术与商务日语教学融合的路径

1. 教师备课

人工智能可帮助教师迅速找到有趣的、能激发学生学习兴趣并与课程内容完美结合的相关知识内容，帮助教师对课程的内容进行扩展和拓展。

2. 课堂授课

基于人工智能技术的智能课堂助手为学习者提供专业化的教学资源，为教与学提供技术支撑。智能课堂助手作为现代信息技术的一种教学工具，支持学习者与教学社群、学习社群开展知识交互，同时本身具有深度学习、情感计算、语音识别等功能，在课堂教学中可以达到拟人效果。智能课堂助手构建智慧学习环境，具有情景、教具、学具、资源四方面教育价值。智能课堂助手的交互性和拟人性等特征有助于知识培养。教师与学生相互传递信息并生成知识代码，引入适当的非语言符号可以提升整个课堂的教学效率。

3. 课后巩固

运用人工智能，教师课后可采取以下方法帮助学生进行定期、考试前及长期的复习巩固，提高学习效果。

(1)自适应学习平台

教师可使用自适应学习平台，根据学生的语言水平和能力，为每个学生量身定制课程和教学计划，以提高学习效率和成果。人工智能可以根据学生的学习历史和表现，为学生提供适合的学习内容和练习。

(2)虚拟助教

使用自然语言处理技术开发虚拟助教。教师可以通过语音交互、聊天机器人等方式，帮助学生练习口语和听力。虚拟助教可以针对学生的语音表达和发音问题提供反馈和建议。

(3)语音识别和纠错

语音识别技术和语法纠错技术可以帮助学生识别和改正语法错误、发音问题等。教师可以为学生提供语音素材，人工智能可以快速分析和反馈学生的发音和语法错误，并提供改进建议。

(4)个性化推荐

使用机器学习和推荐算法，为学生推荐适合的学习材料和教学资源。人工智能可以根据学生的兴趣和学习历史，为学生推荐适合的日语文本、视频、音频等学习资源。

(5)自动化评估

利用机器学习和自然语言处理技术，开发自动化评估系统，对学生的写作、听力、阅读和口语能力进行评估。系统可以根据学生的表现，自动为学生生成报告和建议，帮助学生快速提高日语能力。

第四章 信息技术催生的大学日语教学新模式

中日交流是国际交流的重要部分。当今的日语教育不再是单纯的语言教学，更多是以语言为基础的综合性跨文化交流教学。信息技术催生了新的大学日语教学模式，如翻转课堂教学模式、智慧课堂教学模式、慕课教学模式和混合式教学模式。这些新的大学日语教学模式能够培养学生的跨文化交际能力，具有现实意义。

第一节 翻转课堂教学模式

一、翻转课堂的特征

(一)教学手段的先进化特征

翻转课堂把课堂教学中的预习部分变成了学生可进行自主学习的视频和音频等资源，这是对现在课堂教学的一种颠覆，具有教学手段的先进化特征，是翻转课堂教学的一个特色。它把课堂教学转化到课外甚至是校外，改变了课堂教学地点，突破了课堂教学的地域限制，实现了一切皆是课堂的变革。

(二)先学后教的预习化特征

传统教学的课前预习大多用纸质的材料。在信息技术时代，不少学校开始利用多媒体预习，这和翻转课堂中的预习方式有相同之处，最终的目的也是一致的；只是翻转课堂的教学资料和教学资源更丰富，预习的知识更有深度，再加上教师的正确指导，预习的内容更加形象化和具体化。翻转课堂教学流程基本上都是先学后教。

(三)学生合作的小组化特征

教师在课堂上要求学生分组进行学习探究，体现了学生合作的小组化。教师的主要工作是布置教学任务，学生进行小组讨论和合作探究，找到解决问题的方法和途径。在这个过程中，教师只是一个任务的安排者，而学生是任务的研究者和执行者。

(四)教师角色的导师化特征

翻转课堂重点在“转”，它充分体现了以人为本的教育理念，以学为本的教学观，以生为本的学生观。教师只有认清自己在课堂教学中的导师的定位，才能“在其位谋其政”，使自己从课堂教学中解放出来，使学生变得更加主动和积极，使课堂气氛活起来，使以学生为主的教学目标得到实现。① 在翻转课堂中，教师主要是为学生提供资料，对学生进行辅导和答疑，学生是学习的主体，根据自己的时间进行选择性学习。②

二、大学日语教学中翻转课堂的应用价值

(一)能够激发学习主体的积极性

首先，翻转课堂是生动而有吸引力的课堂。翻转课堂模式中，教师能够提供给学生进行自主学习的教学视频，使学生获得更为形象直观的学习资料，学习兴趣陡增。其次，翻转课堂是因材施教的课堂。在高校日语专业，学生已具备了基本的自主学习习惯与能力。翻转课堂根据学生的日语基础素养及学习需求，录制差异化的教学视频，或录制信息量极大的大视频，让学生自主选择、调整学习进度，体现了尊重学生主体、遵从因材施教规律的课堂设计理念。

---

①郭春晖．日语翻译教学中翻转课堂有效性探讨[J]．现代交际，2020(24)：171－173.

②郑慧娜．基于翻转课堂的日语微课教学设计[J]．科技视界，2020(32)：39.

(二)推动教学方式多样化发展

传统日语课堂是“教材＋粉笔＋个体”的主讲模式，每个教师学生都人人一本书，师生之间根据教材内容展开教与学，并将重要知识点板书于黑板或白板上，这种单一而僵化的教学模式，无疑是教材知识的翻版式传授，会降低学生对日语知识的学习趣味，让学生养成不良的学习习惯。翻转课堂理念下，教师拥有了更多的教学方式设计，如先视频后提炼，即提供学生以统一日语教学视频，并在学生学习后结合自身学习情况展开针对教学视频的探讨，这不仅是对视频内容的客观探讨，更是依据教学视频对学生学习情况的一次大检验；再分组提供有针对性的教学视频。即首先根据学生日语学习现状及需求进行分组，教师搜索或录制多套学习视频，让每个学生都获得真正属于自己的学习资源，或者学生自主录制小视频，讲述学习经历与心得，分享日语学习的新发现、好方法，既让全班学生结成日语学习共同体，又让宝贵学习经验得以析出共享。总之，翻转课堂的出现，是对师生关系、师生交流方式的重新审视，量身打造的教学方式也必然启发教师在教学方式上展开新一轮的创新探索。①

三、大学翻转课堂日语教学设计

(一)课前的设计

课前设计是翻转课堂在日语课堂中能否成功的关键一环。首先，教师在讲课之前要确定这门课的主题、该学期的时长、每一周的课时，并根据课时来分配学习内容。每一节课都要有一个内在的逻辑去实现每个单元的目标。也就是说，新的课程都要建立在之前课程的基础之上。教师应通过这种逻辑关系去实现课程的总目标。

其次，确立好教学目标和教学内容的适配。把教学目标分类为长期目标、阶段性目标和短期目标，确保学生在完成短期目标之后，对今后需要完成的阶段性目标和长期目标在内容上有一定的了解，确保学生的学习内容有一个螺旋滚动式的上升。

再次，在选择教材的时候，尽量选择多种教材，在多种不同材料中选

①阿依努尔．翻转课堂下的日语教学模式初探[J]．试题与研究，2020(32)：33－34.

取一些恰当的材料对课程进行补充。判断教材里单元编排的顺序是不是和学生的学情相符合，不符合的要做出一些调整，以及教材的选材是否都能应用到课堂，如果需要删减一部分，那么教师要根据自己的教学设计补充一些必要的内容。

最后，在制作微课视频时需要把每次课程的重点与难点用简单易懂的动画表现出来，吸引学生的注意力，同时严格控制视频的时长，防止重点与难点部分不够突出。在进行课前设计时，要多与学生沟通，对于学生在课前预习中遇到的困难给予帮助，并根据学生的反馈及时对课前设计进行修正。

(二)课堂的推进

在课堂设计中，教师和学生的角色要发生转变，但这一转变是一个循序渐进的过程，教学方法要根据学生的进步不断地进行调整。比如：学生刚开始接触一门新课的时候，需要一个准备的阶段，在这个阶段教师的输出内容较多，随着学生的不断进步，知识积累到一定程度的时候，教师可以让学生在课堂上多一些展示自己的机会。在学生学习的过程中，要根据具体的情况加强或减少对学生的调控。例如，在初期阶段对学生的调控力度要大一些，等学生养成好的习惯以后可以逐步减小对学生的调控力度。

在学生具备表现自己的能力时，可让学生充当课堂的主导者，通过小组讨论、表演、发表等方式，把学生在课前做的预习准备工作在课堂上表现出来，如此既可以让学生有在众人面前展示自我的机会，又可以活跃课堂气氛，激发学生的学习热情。在学生展示结束之后，教师可以引导学生一起讨论其中的亮点和不足，对于亮点部分可以让其他学生学习模仿，对于不足的地方应提出修改意见。在课堂的最后，教师要帮助学生归纳总结该节课的重点、难点，加深学生对学习内容的理解。在这一环节，教师扮演引导者的角色，学生是这场活动的主体，学生按照教师的引导去内化所学的知识，并通过积极参与各个教学活动来提升自己对日语的运用能力。

(三)课后的交流

在激烈的课堂环节结束后，后续的交流工作也非常关键。课后交流工作不仅仅局限于课后作业的批改和检查，同时也包括总结教学过程，对于不足的方面要及时订正。针对课后学生在学习和作业上有疑惑的地方，教师可以通过建立良好的沟通平台，向学生答疑解惑，并与学生讨论未来的课程环节，积极吸取学生的观点，以建设学生满意且教学效果良好的品牌课程。

四、大学翻转课堂模式下的日语教学的实施策略

(一)多维度确立翻转课堂的教学理念

破传统、立新规，是日语翻转课堂的价值体现。为适应翻转课堂的特性，高校日语教学应该从教学角色、时间等层面展开教学理念的探讨。

一是角色观。翻转课堂在日语教学中的应用实现了师生教与学角色的重新审视与塑造。要树立翻转课堂新角色思维，教师变“灌输”为“导引”，学生变“接受”为“探索”，鼓励教师学会放权，让学生有更多自主学习的空间。久而久之，学生学习日语就有了清晰的思路与良好的习惯。

二是时间观。教师要将更多的学习机会与时间还给学生，帮助学生利用微视频学习、互联网资源介入所节约下来的时间，充分自主质疑、互动讨论，将有限的课堂时间用到更需要的地方，让学生知不足、解不足。

三是知识观。教师在日语教学设计中，要破除传统无重点、无难点的全盘摄入的教学方式，更多考量学生的基础与知识短板，针对性定位翻转课堂重心、选择性摄取日语教学内容。此外，还要破除传统“唯书本至上”的知识观，研究挖掘书本教材缺陷，开发编撰符合学生需求的新课程、新教材，并鼓励学生利用自主时间去预热、利用碎片化时间去学习，让日语教学内容更为丰富而高质，日语教学更为高效。在课前自主学习中，教师要适当增加反思内容、增加学习深度。①

(二)遵循教学原则实施翻转课堂的教学方法

日语翻转教学模式，实质是“先学后教”。“先学”是“教师先设置主要的教学内容让学生先学”，即教师依照文本内容展开对日语知识的加工整理，并以视频等形式传于公共平台，赋予学生足够的学习自主权，让其自主思考、主动学习，完成基于自我需求的内容学习。“后教”是教师对课程

---

①王丽莉．翻转课堂课前自主学习效果及影响因素[J]. 长春师范大学学报，2021，40(9)：183－186.

内容进行知识概述，对学生学习中的问题加以实时引导或指导解答。故而，日语翻转课堂教学就成为师生协作、共同学习的过程。即便教学视频有知识缺漏，即便学生学习知识有困惑，师生都可以在最短时间内最有效地完成对相关内容的纠正与探讨。

要想支撑日语翻转课堂的预设，教师必须遵从两方面原则。一是知识资源的匹配性。互联网时代，日语课程资源极为丰富，关于日语板块的教学理论也各种各样。不过无论是教学微视频还是PPT等的设计，教师选择的教学资源都要与教材内容相对接，与教材的语言习惯相一致，如日语在初次见面或多次见面时的差异化用语，切不可以偏概全，将乡间语言习惯放置于日语语言规则中。二是知识学习的辩证性。教师要允许学生在学习过程中有所挑拣，自由调整学习进度，如果教师真有疑问可以与学生进行讨论，不可一味否认。教师要明白并非所有选取的日语视频、日语知识都符合学生的需求。故而只要有利于学生日语素养的提升，教师完全能够当一个学习参与者、知识讨论者，而非“我的教学设计我做主”的独裁者。如不然反倒让学生感觉到学习氛围紧张，导致学习兴趣下降。

(三)多步骤应用翻转课堂的教学视频

在翻转课堂教学模式下，日语教学视频的设计与应用要有相对严谨的原则和步骤，为日语学习与指导提供优质保障。一是知识解构要有科学性。教师首先对教材内容进行重点、难点、亮点的层次化分类，了解哪些知识板块需要在视频中重点讲解，哪些知识需要通过外部链接教学资源加以延伸解读。二是知识解读要有严谨性。教师将列出的知识分类，与学生任务目标、学习能力等进行结合，并将其按照科学的顺序安置于视频制作的不同进度处。同时，在视频总结处，要将整个日语知识的体系框架整体呈现出来，帮助学生回顾学习内容，让学生知道哪里薄弱、哪里困惑，提出针对性的问题。三是视频优化要适时换位。这里的换位即是以学生视角对视频的科学性、生动性、趣味性进行分析，根据换位视角下的评价，教师可对教学视频进行关键环节、细节的调整与优化。此外，除却自我换位外，教师还应该让学生当一个小小“点评家”，说出他们希望改进的地方，教师对意见建议进行汇总、采纳，以便在后期日语内容的视频制作中避开这些学习干扰点。总之，教师既要当好日语视频的设计者，还要做好服务生，让视频教学发挥更大的教育价值。

(四)拓展学生对日语学习的兴趣

兴趣拓展环节主要以激发学生的学习兴趣为目的，通过一些和课程内容相契合的小视频、VLOG、漫画等材料介绍与课文背景相关的日本民俗文化、生活习惯、政治及经济等，帮助学生更快地了解课文背景，更深层次地了解课文的内容，更重要的是不断激发学生对学习内容的兴趣，突破传统日语课堂教学方式的限制，让更多学生主动地参与到翻转课堂的制作环节和表演环节，从而活跃课堂氛围，让学生高效地掌握专业知识，提高活学活用的应用能力，达到教学质量的飞跃提升。

(五)完善日语学习检测方式

教师最常用的学习检测方式就是考试，但传统期末考试的局限性非常明显，不能全方位地考察学生的综合素质和能力，不能评价学生的动态学习过程，也不能体现出学生的日语表达能力。这种局限性导致很多学生抱着通过考试的心态学习日语，不注重日语的应用，不利于激发学生日语学习的兴趣。所以，应当通过上课提问、作业展示、小组合作、即兴表演等多种方式进行全方位检测。检测最重要的目的就是让学生发现这门课的价值，如果学生从始至终对一门课一点兴趣都没有，教师就应该反思这门课的课程设置、内容或者选材是否出了问题，同时也要考虑学生自身的特点、需求和教学环境等因素。教师也应当了解和预估各种教学活动的效果，检测其是否能够促进学习，还要考虑教学环境，比如大班的教学环境要和小班教学环境的检测方法有所不同。在接收反馈方面，大班教学可能会比较困难，教师可以通过一些共性的问题进行统一的反馈，这种反馈可以扩大学生的知识面，让学生现在的学习内容为以后的语言学习和专业学习打下基础。教师可以帮助学生掌握更好的学习方法，让学生感受到自己每一次的进步，从而更加热爱学习，最终形成一种良性循环。①

①高逸群．翻转课堂在高校基础日语教学中的应用[J]．科技资讯，2021，19(27)：145－148.

第二节 智慧课堂教学模式

一、智慧课堂概述

(一)智慧课堂的概念

当前，“互联网+教育”融合跨界已经成为共识。而智慧教育理念引领和指引下构建的智慧课堂，借助其智能化环境支持，已成为虚实环境融合中实现线上、线下混合式教学的最佳实践样态。① 建构主义学习理论强调学习是人们基于自身认知结构、信念、策略和个性心理特征与倾向等要素，在某种适当的情境中，通过与客体的协作、会话、辨析等活动，由认知主体积极主动建构知识意义的过程。智慧课堂就是基于建构主义学习理论，利用大数据分析、云平台计算、互联网等现代信息技术手段，创设智能化学习环境，构建出的一种个性化、智能化、数字化的高效新型课堂。智慧课堂是基于动态学习大数据分析，在云计算环境中，运用云平台和用户端设备(如电脑、智能手机、浏览器等)将现代信息技术与学习活动进行深度整合，创设出符合学生年龄特点和身心发展规律的智慧学习环境，为个性化学习提供全方位的支持和帮助，培养学生终身学习的意识和能力，以实现学生全面、协调和可持续的发展，真正提高学生的自主学习能力，使知识由记忆走向内化。②

(二)智慧课堂特征

1. 教学决策数据化特征

信息时代最不缺乏的就是数据，缺乏的是借助数据量化做出决策的主观意愿和实践方法。教学中学情、质量、效果等都能做定量分析。教师若能及时地探测并把握学生的动态学习数据，最优化地呈现数据，认真分析

---

①李逢庆，王政，尹苗．智慧课堂的嬗变与趋向[J]．现代教育技术，2021，31(9)：13-19.

②许元政．高校智慧课堂本质的思考[J]．文教资料，2022(18)：159-162.

其有形与无形的价值，就能获取充足的信息，做出准确的决策，从而成功地把握教学。智慧课堂始终以云平台为支撑，基于动态学习数据的收集、分析与整理，对学生学习的全过程及效果进行交互传递，通过无线网络和智慧教学应用程序在各设备和平台之间进行数据化呈现。使教学过程从过去主要依赖于教师和主观经验转向现在主要依赖学生和客观数据。教师可根据大数据分析掌握学情，基于大数据进行决策，有的放矢地优化教学。

2. 资源推送智能化特征

智慧课堂能够以较低门槛构建“知识网络”，以较低成本编织“人际网络”，根据学生的特点和差异，智能化地进行“资源推送”，可以极大地满足学生富有个性化的学习需要，帮助学生依据自身实际固强补弱，吸纳信息技术、媒介素养等丰富的学习内容，拓展已有的学习目标，提高学习效果。随着因特网的迅猛发展，信息技术为学生提供了全新的互动机制。庞大的网络学习资源库结合灵活弹性的虚拟环境将文字、声音、图形、动画、影像与现实融为一体。智慧教室基于环境心理学，以互联网、云服务、信息资讯和各种通信技术为支撑，以智能化的人机交互为显著特征，创建便捷、优良的教学环境。

3. 评价反馈即时化特征

技术的进步辅助修正了以往教学评价相对教学进度而言周期滞后的不足。云端学习系统能够自动积累和处理学生课前自学、课堂表现、作业练习等大量原始数据，并支持教师快速有效地分类、汇总、筛选和分析，建立起多维度、多层次的个性化学习档案，做出最直接、最便捷的即时性评价。教师可以及时有针对性地指导学习并准确提供矫正补救措施，从第三方观察角度审视教育契机。智慧课堂着眼于学生学习的全过程，着重于挖掘每个学生的学习潜能，发展个性特长，教师应借助智慧学习环境中的软硬件设备，构建完整的智能化评价体系。评价应采取定量打分结合定性评价的方式，要在第一时间依据数据反映学生的学习状态和水平，从而实现即时、动态的诊断分析及评价信息反馈。①

①朱锦龙. 智慧教学平台建设与智慧课堂教学模式研究[M]. 长春：吉林文史出版社，2021：114－116.

4. 合作学习网络化特征

借助网络和多媒体技术构建动态、分层、互动的合作学习能够提升学生的自信心、激发学习动力，更加有利于创造良好的集体情感环境。优良的网络环境促使合作学习不再局限于课堂内，四通八达的学习网络可以在更广阔的时空让师生真正实现多边互动与合作。智慧课堂通过云系统的软件架构和 Web 互动技术能够使每个学生的学习痕迹和师生间的交流过程可观测化。人机互动可同步实现学习数据云服务，师生间的信息沟通途径更加多元化。教师可借助数据挖掘技术组织与学生的在线互通与互动，或借助网络实现无缝对接保持沟通内容的连贯和稳定。

二、大学智慧课堂日语教学模式的应用探索

(一)大学日语教学中实施智慧课堂教学模式的必要性

2018 年 1 月，《普通高等学校本科专业类教学质量国家标准》(以下称《国标》)正式发布。这是我国面向全国、全世界发布的第一个高等教育教学质量国家标准。《国标》在培养日语人才听、说、读、写、译基本能力的基础上，更加注重对学生语言表达与交流能力、跨文化交际能力、思辨能力、终身学习能力的培养。这些要求给今后的外语学科建设、教学改革、人才培养等提出了新任务。《国标》的制定原则及其中对日语人才的要求正与以学生为主导、遵循个性化学习方式的智慧教学理念相契合。因而，高等日语教学走向智慧教学模式的道路是必然趋势。

(二)大学日语教学中智慧课堂教学模式的实施策略

完整的教学过程通常包括课前、课中、课后三个环节。课前是学习内容的准备阶段，课中是学习内容的导入阶段，课后是学习的内容的巩固阶段。智慧教学模式下的教师在整个教学环节中应始终充当指导者、组织者的角色。①

1. 课前阶段

在传统模式的基础日语教学中，教师通常都会要求学生自主预习新单词和课文，而实际情况是在课前能主动完成预习任务的同学并不多，教师

---

①赖纪海．智慧课堂教学设计探究[J]. 教师博览，2023(3)：37－38.

在上课前也无法获取学生预习情况的各项数据。

在智慧教学模式下，教师可借鉴翻转课堂的方式，利用现代化智慧教学工具，在课前发布与授课内容相关的视频资源以提高学生学习的兴趣和对背景文化知识的掌握程度。同时教师还可以将预习课件推送到学生手机上，学生可以随时随地预习，实时与教师进行沟通，教师也能实时获取预习学生的数量及进度数据。整个过程充分满足了学生的个性化学习需求，有利于学生自主学习能力的培养。

2. 课中阶段

在传统模式的基础日语教学中，教师通常都是以讲单词，讲语法，讲课文，做练习的流程在课堂上对学生进行知识点的灌输，教师为主导、班级同步教学的特点明显。这就导致课堂缺乏互动，教师无法得知每位学生对知识点的掌握情况，外语国际交流人才培养目标无从谈起。

在智慧教学模式下，信息技术伴随整个课堂。学生扫码进入课堂便可同步接收教师的授课课件，在教师对知识点的讲解过程中还可同步匿名反馈不懂内容，便于教师调整教学节奏。此外，教师也可以通过推送习题的方式及时了解学生对知识点的掌握情况。还有弹幕互动、答题红包等当下流行的网络元素也被智慧工具引入课堂中。整个过程让课堂气氛更活跃，让学生的学习方式更灵活，让教师获取学生各项学习数据更及时。另外，通过将单词讲解、语法讲解等知识点内容更多地翻转到课前预习环节，引导学生主动学习，教师可以把更多课堂时间留给学生做会话练习、小组合作练习等实践活动。

3. 课后阶段

在传统模式的基础日语教学中，教师都会通过布置课后作业的方式来检验学生的学习成果。作业的布置也意味着教师接下来要面对辛苦搬运作业本、做机械式批改、耗时统计作业完成情况等问题。长此以往容易让教师产生疲劳感和职业倦怠感。

在智慧教学模式下，利用智慧教学工具，教师可以在课后及时推送作业到学生手机，并能实时获取学生作业完成情况及答题数据。极大地缩减了教师检查作业的时间。有些智慧教学工具(如雨课堂)在课程结束后还会向教师自动推送课堂小结，通过查看课堂小结，教师可以了解到该堂课的所有数据，如课堂人数、习题数据、课件数据等。

第三节　慕课教学模式

一、慕课的特点

慕课实际上是在尽可能还原线下教学，被看作“网络中的课堂”，越来越重视给学习者完整的学习体验。参与一门慕课的学习，从开始到结束，几乎和线下传统面授课堂从开始到结束的过程是一致的。它并没脱离我们已知的课程结构和教学过程。所以，慕课脱胎于传统课堂，教师、学习者、教学内容、教学环境等传统课堂具备的必要因素，慕课一样具备。随着慕课与传统课堂之间的深度融合逐渐加强，如何进一步提升慕课质量，吸引更多的学习者持续参与，将是今后一段时间内重要的研究内容。① 慕课与传统面授课程最大的不同在于它的授课地点是在线上，不是在实际的物理教室。它可以不受物理教室大小的局限，接纳更多的学习者。因此，从设计理念到课程的教学设计、平台管理，再到课堂教学、学习管理、学习者反馈和评价，慕课与传统面授教学都存在差异，具体表现在以下几个方面。

(一)自我学习为主的慕课教学理念

慕课更强调学习者进行自主学习。慕课面向所有人开放，学生群体规模庞大，教师和助教没有办法做到与所有学习者一对一交流，即便传统线下课堂也不能保证照顾到每一个学习者。但是，慕课志不在一对一交流，而是搭建平台，提供优秀教师和优质资源给有心的学习者，引导他们按照自己的步调进行学习。整个学习进程中，学习任务的完成主要依靠学习者的自我管理、自我监督。

---

①白美云，杨育清，田添禾．二外日语慕课学习成效研究与发展建议[J]．中国教育信息化，2021(2)：15－19.

(二)短小精悍的慕课课程内容选择与组织

作为慕课内容呈现主要载体的视频，大多在10分钟以内。每一小节课包含几个短小的课程视频和相关学习资料，因而对视频的要求比较高。在课程内容的选择上，课程设计者和讲授者需要精心选择内容，采用合适的方法做成视频。课程制作时，要关注教学方法、教学媒体的合理使用，使内容清楚、有趣味性和实用性，能让更多的人接受。同时，视频中常常嵌入简单易答的测验题，学习者答对了才能继续往下看，这样能始终抓住学习者的注意力，保证学习的完整性。

(三)民主平等的师生互动和教学管理

一般情况下，慕课课程每周推送一个单元的课程。在课程开始之前，教师或助教会把教学大纲、课程计划等在课程主页上发布，并以邮件形式通知到所有报名的学习者。同时，规定好课程作业或测试提交的截止时间。从每一单元开始到下一个新单元推出这个时间段内，学习者需要自己安排好时间，完成视频内容和其他学习资料的学习，以及在课程规定的截止时间内完成单元作业或测试。整个过程民主平等，学习者自主参与、自我选择、自主学习和自我管理。在学习课程内容的同时，学习者随时都能加入慕课平台提供的课程讨论区或教师另外组建的在线讨论群参与讨论。教师也会浏览讨论区，进行答疑解惑，不过，还是以学生之间的互动为主。慕课教师团队还要对每个注册参加学习的学生以邮件的形式给予提醒，包括开课时间的提醒，作业、测试、考试、同伴互评、申请证书等截止时间的提醒，以及一些通知等。从教学管理的角度看，相比传统面授课堂，慕课更多依靠学习者的自我管理，这也在一定程度上影响了慕课的完成率。当然，如何帮助学习者建立良好的自主学习习惯，是需要慕课研究者和各类教育工作者展开深入研究的重要问题。①

---

①王满．新文科背景下慕课混合式教学模式探讨——以高校日语教学为例[J]．新课程研究，2022(6)：38－40.

二、提升大学日语慕课教学质量的策略

(一)提升慕课教学认识，提高慕课课程开发的积极性

当前，席卷全球教育界的“数字海啸”——慕课(MOOC)，成为许多高校不得不去认真研究的新事物。为帮助广大教师深入学习慕课的有关知识和发展趋势，积极进行高校日语课程教学改革，学校要重视慕课教学模式的推广，提高日语教师对于慕课教学的认识和重视，激发广大日语教师学习慕课教学模式，提高应用慕课开展教学实践的热情和积极性，要通过有效的推广让日语教师学习什么是慕课、建设慕课的基本理念和做法、如何用慕课资源增强学生学习主动性和兴趣，以及慕课课程建设的总结与展望等内容。同时，也要进一步提高高校日语教师对传统教育和学习方式进行改革的热情，加深日语教师对于利用慕课进行教学的认识，鼓励日语教师积极进行课堂教学改革的尝试。

(二)完善日语慕课资源建设，实现优质教学资源的共享

中国高校可与日本高校建立教学合作关系，相互取长补短，结合中国大学生日语的学习现状和存在的问题，整合国内外优质日语教学资源，构建有中国特色的高校日语慕课在线课程资源，为促进高校日语课程教学改革创新，推动高素质日语人才培养奠定基础。

当前，高校要推进日语课程国际化改革，强化慕课教学创新应用，必须坚持正确的办学方向，以树人为核心，以立德为根本；要注重统筹资源，开展高校日语精品在线开放课程认定工作；要狠抓落实，掀起线下教学“课堂革命”，促进线上与线下教学相融合。作为大规模开放的在线课程，慕课的优势十分显著。① 借力慕课，创新日语课程国际化教育资源，深化创新教育改革，因此，推进日语慕课课程资源建设和智慧教学的发展，是高校开展日语课程改革的前提和基础，是确保高校日语专业学生接受高质量、国际化日语教育的必然要求。为了深入贯彻落实国家教育部门关于竞聘教学资源，利用精品课程开发等一系列文件的精神，高校将慕课

①曾凌云．浅谈慕课背景下的高校日语课程国际化改革[J]. 长江丛刊，2021(6)：127－128.

教学发展模式作为重点教学研究和实践内容，积极探讨慕课和专业课程相结合的有效课程发展模式，为探索更多的慕课日语课程创新奠定基础，促进信息技术和学科教学目标的实现。只有积极整合高校日语慕课资源，注意课程资源的教学共享，才能为日语慕课改革创造良好的条件和资源，促进日语教学质量不断提升。

(三)以学生为中心，把握慕课在大学日语课程中的实际应用

教育公平的发展、学生获取知识方式的改变以及高校在教育和人才领域的竞争等，都在一定程度上促进了慕课的发展。慕课作为一种新的课程模式具有显著的应用优势，是具有一定开发性和应用性的课程。借助慕课的线上优势，既能给予学生充分的选择课程的权利，又可在一定范围内有效的组织学生自主学习。例如，采用课堂在线讨论、课后布置作业、参加考试等形式。利用慕课开展日语的混合式学习的优势在于可贯彻教育部以学生为中心的教育理念，教师以激发学生学习动机为原则进行教学设计。新时代开展高校日语课程教学改革，必须借助先进的教学技术，拓宽教育渠道，整合全球优秀的日语教育资源，不断创新校内、校际课程共享与应用模式，这样不仅能提高学生的综合素质，促进普通高校教育水平的提升，同时也能使学生的就业率得到提高。当前，高校的日语教师们要明确课程改革目标，用慕课资源实现少学时、同等甚至更好培养质量的实践。在慕课背景下，高校日语教师应根据学生的实际情况合理制定教学任务表，以引导为主，分阶段培养学生的各项能力，通过激发学生的课程学习积极性，用慕课资源培养学生的知识挖掘能力。这对于提高高校日语教师教学业务水平，促进日语学科课程国际化改革与现代教育技术的深度融合，推进高校日语课程教学创新都具有重要意义。

(四)加强慕课技术培训，提升教师利用慕课资源能力

慕课在高校日语教学中可以说是一种新事物、新形势。学校教育变身为“互联网＋教育”，互联网教育资源和信息化手段正向课堂教育深入渗透。伴随着信息技术的普及，慕课等教学组织形式，因其形式新颖和实施方便在高校教学中备受关注。要提升广大高校日语教师利用慕课资源的能力，必须组织他们积极开展慕课资源技术开发培训工作，通过主讲教师讲课、教师参加慕课课程设计工作坊、混合式教学工作坊，就“互联网＋”背景下高校日语课程的慕课制作进行培训，让高校日语教师掌握慕课的相关知识，为探索学校正在实施的教学改革提升计划奠定良好的基础。通过课程资源开发和技术培训学习，进一步提升参训高校日语教师个人教学信息化技能，有利于推动高校日语课程改革信息化进程，推动高校日语课程建设与国际化改革相接轨。

慕课课程模式应用于高校日语课程改革中，能够有效促进日语课程资源的开发和利用，整合优质的日语教学资源，改变传统的日语教学方式，促进日语教学质量不断提升，对于日语人才的高质量输出具有重要意义。高校要积极创造条件，引导日语教师借助慕课资源的优势，构建属于日语专业学生的慕课资源库，重视慕课教学模式应用，强化慕课教学能力培养，提升教师慕课教学素养，切实让慕课在日语教学中发挥积极作用。

（五）合理设定教学目标，整合教学资源

高校日语慕课课程教学需要制定合理的教学目标，不能只按照日语慕课的内容来进行教学，若是没有教师的正确引导，学生很容易受到自身认知局限的影响，无法把握学习的重点。因此，在利用慕课平台来进行教学的时候，学校方面需要加强引领，对日语慕课教学资源进行整合，优化其中粗制滥造的课程，同时，在日语慕课的教学中，需要不断提升国际化水平，与国际日语教学接轨，让学生站在国际化背景中进行日语慕课的学习。

（六）打造国际化教学平台，提升日语慕课教学的国际化水平

在对慕课平台进行打造的时候，需要高校与国际接轨，在教学资源及沟通平台的建立中，可以引入具有一定资历的日语教学老师来为学生们讲解日语知识。需要注意，日语知识的讲解要贴近生活与工作，要让学生知道学习日语能够从事哪些方面的工作，如何去从事工作，而不是过分注重对日本文化的讲解，因为在许多日语慕课课程中，已经对日本文化有很多的介绍，加上学生们的自行了解，其本身已经对日本文化有着一定的认知。高校方面应以日语慕课课程教改教学为背景，积极拓展日语学习的渠道，提升慕课教改教学的国际化水平。

第四节 混合式教学模式

一、混合式教学模式的含义与特征

(一)混合式教学模式的含义

混合式教学模式得到了快速发展，在国内外各大教学平台中得到了广泛应用。混合式教学模式是在传统教学模式与数字化教学模式实现有机融合以后，形成的一种新的教学模式。借助混合式教学模式的优势，能够改变传统教学模式中存在的一些缺陷。混合式教学模式不仅强调整个教学过程中的“教”，同时也对“学”进行了重点延伸。在采用这种教学模式的过程中，教师不再是简单地进行学科知识的教学工作，而需要从整体的层面，对学科进行多角度的讲解，帮助学生对学科知识形成更好的理解，实现学习能力的提升。在混合式教学模式中，教师能够更好地引导学生进行自主学习，激发学生的学习兴趣。①

(二)混合式教学模式的特征

混合式教学模式建立在网络信息技术基础之上，通过采用视频课件的方式，向学生展示课堂内容。作为传统课堂的延伸，这种教学模式能够借助教学平台及课程体系等，提供全方位的教学工作。混合式教学模式的特点表现为互动性、规模性、开放性、新颖性等。这些特点之间存在着一定的联系，在混合式教学模式中，课程结构与内容的设计从以教师为中心转移到以学生为中心。学生能够借助互联网技术，自主选择学习内容，同时结合教师的授课内容，实现两者有效融合，从而提高学生自主学习的能力，体现教学课程的开放性与延伸性。

---

①潘丽萍，安书慧．“互联网＋”背景下高校日语课程多元化教学模式探究[J]．大学，2021(11)：66－67.

二、混合式教学模式在大学日语课堂中遵循的原则

（一）有机化教学原则

通过互联网，我们可以将现代化信息技术与传统的日语课程进行融合，把计算机技术充分渗透到日语课程中。这样，在整个日语的教学过程中，我们可以了解许多的课外知识，能够体验到一个理想的教育环境，我们通过互联网和计算机进行更深层次的信息获取，方便在日语课程上更好地进行有机化教学。学生在整个课程之中获取了更多有用的信息，也能提升学生的学习兴趣，让学生在获取信息之后享有更强的自主性和自我参与感。有了自我参与感的学生在学习自主性上能够有更大的发展和提升空间，这进一步促进了学生在学习过程中的自我认识和探索。同时，互联网上的教育信息资源具有收集方便、实用性强、存储量大的特点，教师可以在一定程度上将各种优秀教育信息资源进行整合，通过互联网上开放、免费的教育平台为感兴趣的人提供足够优质的日语教育内容。从这个意义上说，融合的本质不仅是不同教育理念的有机结合，而且是消除时间和空间的限制，使教育活动真正有机化，消除学科之间的界限，实现教育资源和教育内容的真正有机结合。

（二）以人为本的原则

在人本主义的心理学导向中，以人为本是思想的基础。在日语教学中，以人为本是教育的原则。传统的教育方式中，教师和学生占有的信息并不是一种平衡状态，大部分情况下，教师所拥有的信息是要多于学生，教育的目的也是将教师的信息更多地传授给学生。而在混合式教学模式中，学生可以直接获得大量信息，教师与学生之间的信息不平衡也将慢慢地被打破，学生的自我发展和自我完善成为教学的新目标，学生的个人发展是以人为本的学习过程的原则。

（三）以传统教育学习理论为基础的原则

传统教育的学习理论包括三个主要部分：行为主义、认知主义和建构主义。行为主义强调，教师在教学中的任务是传授知识和纠正错误行为。这一过程中，教师对学生的心理变化没有给予足够关注。认知主义则强

调，教师必须引导学生获得知识，学生必须将获得的知识内化为认知结构。教师应该意识到学生的心理变化，并鼓励学生通过直觉而不是试错来学习。建构主义理论认为学生应该构建自己的知识，并倾向于促进培养学生的主动性和创造性。虽然建构主义对语言教学和学习有积极的影响，但忽略了教师在指导和促进语言学习过程中的作用。这三种学习理论是传统教育的基础，只基于一种学习理论的教学会导致教与学之间的不平衡。因此，混合式学习模式根据学生的具体情况设计教学时，应结合几种不同的学习理论。教师需要对学生进行各方面分析，比如学习目标、学习需要等，并将在线学习资源与传统的课程教学相结合，利用在线学习资源的开放性和多样性，为学生提供个性化的学习服务，以提高学生的学习质量。

三、混合式教学模式在大学日语教学中的应用策略

(一)贯彻大学日语教学始终

当前高校日语教学必须将混合式教学模式贯彻到教学全过程中，从教学目标开始到教学过程实施以及完成教学，必须将混合式教学模式的作用充分发挥出来。在进行日语教学目标设定的过程中，需要从学生的实际情况出发，以学生为主体，对学生的个性与共性进行全面分析，从而提升教学水平。在这一过程中，需要充分地发挥出学生的主观能动性，通过让学生自主进行教学内容的选择、参与教学内容设计，实现学生综合能力的提升。借助混合制教学的优势，教师可对教学情境进行优化，设计符合学生发展的教学方案，从而提升学生的创造性思维。

(二)开展高质量的混合式教学

在日语教学中，教师需要从日语学科课程出发，结合内外知识完善课程，实现理性与感性的结合，开展综合应用教学，提高教学质量水平。从混合式教学模式的特点来看，需要保证混合式教学模式的完整性，从教学资源、方式以及环境等多角度出发，理清整体教学思路，开展高质量的混合式教学。通过实现课堂讲授与课堂资源的拓展，教师可利用线上资源实施混合式教学。与此同时，利用新颖的教学方式及学习小组汇报的手段，可强化师生交流，提升资源共享效率，为学生提供更为优质的日语教学服务。在翻转课堂教学模式下，学生能够借助超星学习通等资源，开展课前

自学，从而实现课堂效率的提升，改善教学效果。

(三)延伸日语教学的内涵

高校在开展日语教学的过程中，需要对混合式教学模式的实施进程进行有效的划分，包括感性阶段、理性阶段及综合阶段，营造良好的教学氛围，从而做到因材施教，提升教学水平。通过对教学内涵进行延伸，教师能更好地引导学生参与到教学过程中，为学生提供更多日语交流的机会，实现学生理论知识与实践能力的全方位提升。在这一过程中，教师需要对学生的学习过程进行有效的监督与管理，从而引导学生在正常的方向上进行延伸，实现学生自主学习能力的提高。

第五章 基于信息技术的大学日语教学的创新保障

随着移动信息化的快速发展，移动信息化在其他行业的应用效果明显。通过借鉴“互联网＋”的应用经验，结合大学日语教学现状，本章主要研究基于信息技术的大学日语教学创新保障。

第一节　教学平台保障

一、微信公众平台

(一)大学日语教学应用微信公众平台的优势

1. 微信公众平台有利于激发学生的学习热情

目前大学中的日语专业学生基本都是零基础，且学习能力有所不同。多数日语专业学生对日语十分感兴趣，能够主动地学习日语，但是，部分学生由于无法准确掌握日语学习的正确方法，容易失去学习兴趣，且学生间也会相互影响。学生在学习中并未获得积极向上的反馈，在日语学习中也容易出现负面情绪。微信平台作为网络教学的新手段，与传统的一支粉笔、一块黑板的传统教学相比，能极大地吸引学生的好奇心，激发学生的学习兴趣。

2. 利用微信公众平台进行教学，可以提高学生的学习能力

教师可以在微信公众平台上传不同的教学资源，学生可以根据教学资

源进行自主学习，也可以在微信与教师、同学等进行互动。这样既培养了学生的综合素质，也实现了学生从被动学习向主动学习的转变，从而最大程度地发挥学生的主动性和积极性。在微信平台上，师生之间还可以用符号、声音等形式进行交流。那些性格内向、胆怯、畏缩的学生可以随时在微信平台上发言，久而久之，学生的学习能力会得到很大的提升。

3. 微信公众平台可以构建良好的师生关系

大学教师通常不住在校园内，上下课期间与学生交流较少，传统的教学模式无法形成良好的师生互动。而微信公众平台则不同，学生除了学习还可以向教师倾诉生活中的困惑，更利于师生关系的融洽，能更好地为教学工作服务。

(二)大学日语教学应用微信公众平台的具体措施

微信是大学生主要使用的社交软件，可以基于微信公众平台的特点，建立各种适合日语教学的订阅号与服务号，实现信息推送、交流与管理素材的功能，进而融合自媒体与服务渠道，实现对日语教学资源的优化。

1. 开发教学资源管理模块

第一是日语教学资源模块。在日语学习微信公众平台上，能够搭载各种形式的电子教学资源，教师能利用 Word、PPT、音频、视频等形式展现教学资源。

对 Word 文本资源，为了提升学生的学习热情，教师可以将一些可读性和趣味性较强的日语范文发布在微信日语公众平台上，激发学生的阅读兴趣，让学生进行自主阅读。教师可以正常布置学习任务，让学生体会范文中的语言句式、情感表达等，这样不仅能够充分调动学生的学习积极性，而且能提升学生的参与意识，提高学生的文章鉴赏能力。

如果教学资源为 PPT，教师可以通过微信日语公众平台，将课堂上的教学难点、重点和思维导图，提前展示在微信公众平台上，让学生自由阅览。教师可以让学生在微信公众平台上，加强对知识点的理解，使正常的课堂教学事半功倍。

如果教学资源形式为音频，教师则可以利用微信公众平台，上传教学音频，可以选择一些日文歌曲，或者教材听力原文，让学生熟悉日语交流环境。

最后是视频形式的教学资源，这种形式的教学资源较为常见，可帮助学生在掌握日文知识点的同时，加深对日本文化的全方位理解，让学习内容更加直观、生动。

第二是自测练习模块。在这一模块中，教师可以将日语听说任务与日常练习布置在微信公众平台上，加强学生的日语听力训练。教师还可以进行会话模块的训练，进行大量有针对性的练习。这样学生不仅能够加快反应速度，还能改善日语发音。另一方面，鉴于微信公众平台的信息沟通特点，教师也能够对学生的学习情况进行实时监控，在平台上完成作业的批改和测验，实时给予学生考评结果，教师反馈信息将直接显示在学生作业测验的页面。

第三是互动交流模块。由于微信有聊天群的功能，教师可以组建名为“日语角”的交流群，锻炼学生的日语应用能力，帮助学生形成较强的日语思维能力。在用日语进行交流时，学生不仅可以打字，也可以发语音，实现日语交互式练习。

2. 优化日语基础微课应用设计

(1)优化课前教学设计

在备课阶段，教师应当对繁多的日语教学内容进行提炼压缩，依据难易度的不同，将教学分成不同阶段，利用短视频完成讲解知识要点的任务。短视频可以应用录屏软件制作，也可以在网络上搜集契合教学主题的视频资源。另外，教师可以围绕短视频内容编写有针对性的练习题，培养学生听说读写的能力。至于日语测验，可以在线完成，在短时间内由教师录制音频，学生听过录音之后完成测试并上传。①

(2)完成知识传递的工作

微信公众平台可以强化知识传递，学生可以基于不同的教学要求，有针对性地观看教学视频，实时记录视频中的问题。微信随堂笔记可以录音，学生可以随时读写，纠正发音，最后进行习题测试。学生可以在线答题并提交，对现有学习成果进行巩固。如果学有余力，学生可以适当延伸

①初子墨．微信公众平台在大学日语教学的辅助应用模式分析[J]．新闻传播，2020(18)：64.

学习内容。对日语微课而言，微课对日语教学具有较好的辅助作用。在教学时间上，教师的讲解时间大幅缩短，转而增加了课堂互动时间。教师应当充分尊重学生的主体地位，正视自身的引导作用，重点培养学生的日语语言能力，增强学生的跨文化交际能力，达到素质教育的目的。

二、超星学习通

(一)超星学习通的主要应用功能

超星学习通是面向智能手机、平板电脑等移动终端的综合性移动学习专业平台，集图书等电子资源的搜索与下载、学校网络课程的开发与应用于一体。

1. 投屏功能

超星学习通具有投屏功能。在上课时，教师能将提前准备好的 PPT 课件投屏到教室前方，实现教师课前的准备资料与学生手机、教师与学生、网络空间与现实空间的链接。

2. 签到功能

一般来说，传统授课需要口头点名才能准确了解学生的出勤情况。超星学习通具有签到功能，通过学生扫码，即可完成学生点名工作，提高了效率，增加了上课的数字化程度。学生签到次数自动记录在学习通中，可以自动生成出勤次数统计数据表。这对于教学的规范性来说，是非常重要的。

3. 选人功能

超星学习通具有实时随机选人回答问题的功能。这种选人机制具有一定的随机性，点击开始键后，在一段时间后人为停止。教师可以控制的是时间，但点击停止按钮后，还需要几秒钟的缓冲时间才能停止。选人功能的特点就在其随机性，正是因为随机，没有规律可循，人人都有机会回答问题。这就在班级中形成人人都积极参与课堂教学的气氛，可有效调动学生学习的积极性。

4. 抢答功能

教师在系统中提出问题后，学生使用手机抢答。不管授课人数多寡，超星学习通的介入有利于帮助学生克服羞怯等情绪，以近似游戏的心态投入课堂。

5. 主题讨论功能

主题讨论功能指教师设置话题，学生在话题下面留言作答。教师可以看到所有学生的留言，学生也可以看到彼此的留言，客观上形成了一个热点讨论的网络空间。主题讨论功能既能让教师看到所有学生的答案，了解班级整体水平，也可以让学生之间互相学习，方便学生扬长避短，并借朋辈力量激发学习的积极性。①

6. 作业功能

登录超星学习通的课程门户，就会出现作业功能。作业可以事先存入试题库，再定时发送给所在班级。题目类型有单选题、多选题、填空题、判断题、简答题共五种。设置题目时，除了文字，还可以上传图片和音频、视频等不同资料，这可以比较充分地满足教师布置作业的各种需求。此外，作业批改具有单独批改和批量批改功能。相比纸质版作业，线上作业具有方便随时读取、无纸化、易保存等优点。

7. 统计功能

超星学习通对于广大教师来说，是一个不可多得的课堂助手。超星学习通可以统计班级的任务点、章节学习次数、章节测验数、课堂活动数、课程积分数，并进行作业统计、考试统计和学生管理。超星学习通的统计功能对日语教学改革具有重要价值。超星学习通强大的数据统计功能可让教师轻松把控学生线上学习情况，为进一步制订线下学习计划提供数据支撑。

(二)超星学习通在大学日语教学中的具体应用

1. 课前：线上平台建课，保障课程的衔接性

(1)搭建课程框架

教师在“超星学习通”平台上建设课程，提前在平台上将课程搭建起来。在课程中加入课程指南，在指南中列出本学期日语教学的学习内容、学习方式、考核模式等。接下来，教师可按照教材，在每一个课时中上传相应的资源。

①翟文颖．超星学习通在日语教学中的应用研究[J]. 现代职业教育，2022(17)：28.

(2)细化课程内容

课程内容建设包括课前预习引导活动、日语常用词汇表、语法重点、会话练习、课后练习、日本文化拓展等。学生在课前浏览页面，对学习的方向和内容有大致的理解，进而提高上课效果。

2. 课中：运用信息化手段，提升课堂质量

(1)教师课堂管理高效

在传统的合作学习模式中，师生间传递资料、教师对小组学生的评估需耗费一定时间，超星学习通的"分组任务"功能弥补了这一缺陷。教师在课中仅需选择"班级""分组任务"即可快速组织活动，同时教师可将任务发布给每一个小组，组内成员可分享文档、图片等学习信息，学习资料呈现形式也更多样、直观，与此同时教师能够借助平台实时了解各组任务完成情况。从课堂教学管理层面上看，该功能在一定程度上提升了课堂管理效率。

(2)优化师生互动模式

上课时，教师可以通过"超星学习通"的选人功能，随机挑选学生进行互动，并对回答问题的学生进行评分。针对部分重点内容，教师还可以在"学习通"中发起讨论，鼓励学生发布信息，让平时不敢回答问题的学生也有机会充分发表自己的观点。

3. 课后：充分利用资源，保障学生的学习积极性

课后，教师可以设置作业，并将作业考评纳入平时成绩，以督促学生进行学习和复习。作业形式可以为朗读日语短文的录音作业、假名书写作业、日语语法测试等；教师也可以挑选学习视频和音频，供学生观看学习。同时，教师可通过设置任务点，了解学生的作业完成进度，并及时对作业进行批改和反馈。与传统的日语教学方法相比，依托超星学习通进行线上任务的设置，能帮助教师更及时了解学生学习的难点，有效提高学生的学习积极性。①

①叶蔼瑜．基于"超星学习通"的高职院校日语任选课教学模式的改革与探索[J]．广东教育，2021(7)：38.

三、蓝墨云班课

(一)运用蓝墨云班课进行日语教学的优点

1. 有利于学生课前预习

在创建和邀请学生加入班课之后，每次上课前教师可将课程中的一些教学资源如教学大纲、教案、课件及与课程相关的音频、视频或会用到的网络链接上传至资源库内，以便学生进行课前预习，还可以通过"通知"功能，提前给学生布置学习任务。

2. 有利于良好的课堂互动

(1)针对现在的学生上课低头玩手机课堂参与度不高等问题，蓝墨云班课的举手、抢答、小组评价、选人等功能从各个方面满足了教学需求。例如：在头脑风暴板块中，教师给出题目，学生可以各抒己见，教师根据答题速度、正确率给予学生不同的经验值，用经验值表扬优秀的学生，鼓励不积极的学生。①

(2)在每个单元或每一课结束后，教师可从事先上传好的题库中随机抽取试题进行测试。系统能迅速计算出测试所用的时间和成绩，学生也能立即知道测试结果并与其他同学对比结果。这些即时反馈对培养学生的学习积极性和竞争性都能产生积极的影响，同时也减少了教师的工作量。

3. 有利于培养学生自主思考的能力

用头脑风暴进行提问时，同学们不能看到其他同学的提问或回答，只有在活动结束之后才能看到他人的答案，这样可避免学生之间互相影响，更有利于培养学生的自主思考能力。

(二)蓝墨云班课日语信息化教学设计

以日本的传统文化歌舞伎教学为例。

课前：教师通过蓝墨云班课手机平台，在资源库上传一些与日本歌舞伎相关的文化知识和图片，让学生对日本歌舞伎有一个大致的了解。另外，学生可以登录在线网络课程，观看日本歌舞伎和中国京剧的微课视

---

①刘岩，王岭，王晓民．基于"蓝墨云班课"平台的混合式教学模式改革探究[J]．交通科技与管理，2021(7)：252.

频，教师发布任务清单，设置互评打赏环节。学生可以在观看视频后，发表评论，加深对日本文化的了解。在课前几分钟，教师可以使用蓝墨云班课发起签到，然后选择一键签到或手势签到，短短几分钟内，就可以快速掌握学生出勤情况，节省了教师用记分册点名的时间，非常方便快捷。

课中：学生将课前搜集到的关于歌舞伎的资料，以宿舍为单位，分小组在课上进行一个“日本文化发表”的分享，教师应要求学生尽可能用简单的日语向大家介绍日本文化。学生可以通过制作 PPT 分享自己整理的与日本歌舞伎相关的文化知识，向其他同学分享自己搜集到的日本歌舞伎相关内容。通过发表分享，学生发挥了自主性，不仅能够提高学生的日语口语表达能力，而且能够提高学生制作 PPT 的能力。通过学习分享这一过程，学生也加深了对日本歌舞伎文化的认识。另外，教师可以设置一些关于歌舞伎文化的问题，让学生用手机作答，进一步检测学生是否真正掌握了这些内容。通过手机平台，可以对测验结果迅速做出评价，教师再进行点评和反馈。在课堂实施过程中，教师可以设置多个问题，像是接力比赛一样，让学生轮流回答，这样也可以省出教师点名的时间，因为学生会有一定的急迫感，所以也锻炼了他们即时应答的能力。然后，教师给予适当的反馈，通过反复纠正和练习，可帮助学生巩固知识。①

教师还可以利用蓝墨云班课的“课堂表现”功能，采用“手动”或“随机”方式从班课成员中选取成员参与课堂活动。“手动”功能下有按照学号排序、按姓名排序、按参与次数排序 3 种模式，不仅为教师提供了多样化的点名方式，而且 APP 自动生成的课堂表现记录可成为教师对学生平时表现进行打分的依据之一。“随机”选择学生回答问题的功能，用摇一摇的方式选学生，被摇到的学生，有一种类似“中大奖”式的体验。这种方式会使所有学生产生兴奋紧张的情绪，课堂气氛也瞬间变得活跃。另外，教师也可以利用班课的“举手”或“抢答”功能。学生回答问题之后，教师根据学生表现，立即为他们评分。

课后：教师可以在蓝墨云班课上对学生开展问卷调查或者在线答疑解惑。另外，小组讨论模块为师生畅所欲言提供了一个平台，平台交流的即

---

①杨俏村．浅析商务日语专业教学的改善策略[J]．作家天地，2021(11)：47.

时性保障了答疑解惑功能的实现。而且，对于课文中的口语交际部分，教师可利用课下时间，通过语音与学生在线进行互动，对学生发音和口语交际进行指导，有效监控学生在课下进行口语练习。

第二节　教学资源保障

一、互联网教学资源类型

随着“互联网＋”技术的快速发展和移动终端的大量普及，各院校、平台、出版社、媒体等通过持续不断的努力，建设了一大批优质的互联网教育资源，使教学资源获取极为便利。互联网教学资源类型大体可分为以下几类。

(一)专门教育网站

教育网站是目前互联网教育资源中建设最为完善、学科涵盖最为齐全的专业网站之一。目前国内大型教育网站有学堂在线、中国大学 MOOC、网易公开课、腾讯课堂、酷学习网等。这类网站可大体分为三类。

(1)院校(或院校联合)开办，如学堂在线等。该类网站学科涵盖门类齐全、注重学历教育、涵盖职业教育与科普知识，教育内容精细、理论分析透彻，适合在校学生进行学习。

(2)第二类为商业教育机构开办，如酷学习等平台。网站商业性质明显，教育资源一般为应试类型，主要瞄准各类考试、考证等，内容较为单一、目的性极强。

(3)第三类为媒体平台建设，或媒体平台牵头，联合教育机构建设，如网易公开课、腾讯课堂等。该类网站主要面向职业教育、继续教育、科学普及、实装实操，涉及内容广泛，内容深度方面不及上述两类。

(二)出版社教学资源

随着计算机存储技术、移动终端的发展与普及，纸质资源面临萎缩的态势。为了应对这一变化，出版社已经调整了自己的发展策略，不断扩展线上资源。诸多出版社在提供纸质书籍的同时，一并提供相关的配套数字资源，极大地方便了读者，同时也提供了较为便利的教学资源获取方式。

(三)图片、视频资源

在教学中，为了增强学生的感性认识，对设备、器件等的讲解需提供图片或视频。教师可从淘宝商家、京东平台、企业网站的产品信息中提取到需要的资料。为了获取关注度和提升商业价值潜力，淘宝、京东、百度、头条、抖音都具备了较强的“黏性”。[①]“黏性”就是后台分析客户关注的信息，然后适时推送相关的信息。这一“黏性”为获取有价值的信息提供了便利。网络商家、企业网站为了推广产品，获取潜在的商业价值，其网站的信息资源制作非常精良，为教学提供了可用的资料。

(四)文档资料

目前文档资料在互联网信息中的比重巨大，百度一下就能够得到海量的信息。但大部分网站出于商业目的，往往包含较多的广告或商业信息。对于过多无用的信息，用户需要进行甄别和筛选，浪费了大量的时间。一般就质量而言，免费获取的资源质量较低，需要花一定的时间进行甄别和选取。而付费资源的质量会好得多。

二、应用网络教学资源开展大学日语教学的意义

(一)资源的合理整合

在当前的社会发展中，教育资源的配置呈现一种不均衡的状态，这主要是由经济发展的不均衡引起的，中西部地区的教育发展慢于东部地区，城市地区的教育资源占有率与教育对社会的影响力高于农村地区。整体来说，教育资源的不均等分布依然存在。互联网技术作为新时代社会发展的主要内容之一，在日常生活中的普及率与受关注度相对较高，在互联网环境下，线上日语教育模式应运而生。与传统的课堂教育或培训班教育相比，线上教育能最大限度地均衡地区间的日语教育资源，从而在社会发展的过程中节约教育成本。而互联网教育作为教育的传播平台之一，普及率较高，这样，互联网与日语教育相结合，可进一步提升线上教育的影响

①沈小东，李胜波，庄春龙．互联网教学资源分类及应用策略研究[J]．中国教育信息化，2021(11)：90.

力。线上教育可重复播放、可下载、可跨区域播放的特点为缩小地区之间、城乡之间的教育差距提供了契机。

(二)满足学生的学习需求

有很多学生在日语学习中有很强的偏向性，比如有些学生的日语写作能力较强，有些学生的阅读理解能力较强，有些学生的日语听力理解能力较强，但是在教学过程中，教师只能从照顾大多数学生利益的角度出发进行日语教学，这就会对部分学生的“日语特长”产生不利影响。线上日语网络资源可以从更深层面上满足学生的学习需求，进一步提升学习效果，满足学生的日语学习拓展需求。互联网日语资源的线上教育，以其简便、简单、随意性强的特征受广大学生的青睐，为提升整体日语教育质量提供了契机。①

(三)转变教学方式，激发学生学习兴趣

传统日语教育是面对面的教育，而线上教育是虚拟性的教育，教师在讲解的过程中往往没有线下教育的紧迫感，更能通过轻松的氛围激发学生的学习兴趣。另一方面，互联网资源与课本的教育资源相比，更具有灵活性，更能满足学生的学习需要，如在日语阅读中，可阅读的内容、阅读的兴趣等，都能通过线上读报、线上电影、线上音频等方式得到满足。可以说，线上日语资源的开发与利用是拓宽学生的学习知识面、开阔学生学习视野的重要方式。

三、信息化教学资源在大学日语教学中的应用优势

(一)教学资源丰富

网络资源可丰富大学日语教学资源。各种形式的日语教育资源为学生的日语学习开辟出更多新路径，能更好地帮助学生提高日语水平。

(二)营造日语学习氛围

大学生进行日语学习时，教师应当为学生营造良好的氛围。在进行学

①顾颖周．日语网络资源在大学生日语教学中的应用探析[J]．文化创新比较研究，2021，5(5)：120.

习引导时，教师应合理运用网络教育资源，如原生日语动漫、日语电影、日语纪录片等，为学生营造日语学习氛围。

（三）提高教学内容的时效性

大学日语教材内容时效性不高，无法满足学生对日语学习的需求。为提高学生日语学习的质量，教师可将网络教育资源与教材资源进行整合，保证日语教学内容的时效性，保证日语教学的可靠性与可行性。①

（四）提供虚拟情境的口语交际

为提高学生的口语交际能力，教师可依托网络资源与信息技术，为学生建构虚拟仿真的日语人机交互模式。在人工智能科技的教学辅助下，引导学生进行日语口语交际模拟，为学生日语跨文化交际打下基础。

（五）为学生提供充分的自主选择权

传统的大学日语教学，学生需要集中在教室，由教师进行日语教学。固定的教学场所与模式，约束了学生的思维创造力，不利于学生的日语学习。教师合理运用日语网络教育资源，将学习选择权给予学生，可让学生自主完成日语学习。②

（六）培养学生日语学习创新探索意识

合理运用网络教育资源，可培养并提高学生的创新探索意识，激发出学生的学习潜能与积极性，引导学生开展自主探索学习，促进学生基础素养的形成。

四、日语网络教学资源在大学生日语教学中的应用

（一）利用网络资源开展形式多样的教学活动

教师应充分利用各种各样的网络资源，开展多种形式的教学活动。教师在备课时，可以从网上搜索日本影视作品、日本动漫等学生感兴趣的材

①王超，李美花．利用网络资源学习日语的现状及分析[J]．现代职业教育，2020(1)：57.

②陈晓凤．网络资源在高中日语阅读教学中的应用研究[J]．读与写，2021，18(36)：259.

料编入课件中。教师在课堂讲解单词时，应充分利用网络上的图片和视频等资源，加强学生对词汇的感性认知。例如，在讲到日本抹茶时，可选择一些与抹茶相关的图片和视频，加深学生对单词的了解。另外，在学习日语对话时，教师可以建造日语情景，实现角色扮演，开展日语对话。

(二)利用网络资源拓展教材宽度与厚度

课上学习和课本已经不再是学生获取日语知识的唯一途径。对教师课前提出的问题，学生可以先通过网络查找相关资源，寻找答案；也可以带着心里的疑问，在课堂上寻找答案。比如，教师让学生查找五月五日日本的儿童节有哪些风俗习惯。学生在网上搜索相关资源时，会发现日本还有其他儿童节，如三月三日女儿节、十一月十五日七五三节等，这将激发他们进一步了解其他儿童节的好奇心。教师还可以给学生布置课后作业，引导他们去发现其他日本传统节日，思考这些节日与中国传统节日的异同，并让每位学生找一个感兴趣的日本节日，进行资料整理和现场汇报。

教师要鼓励学生多利用课后时间观看日本动漫、日本电视剧、日本电影，多听日语流行歌曲、日语新闻；多读日语童谣、日语原版书籍、报纸等。反复观看经典的原版日本电影、日本电视剧、日本古老故事传说，在能听懂的基础上做到跟读。

丰富的网络资源不仅给教师和学生提供了丰富的教学资源，而且有助于培养学生对日语的学习兴趣，增进学生对日本社会文化的了解。

(三)利用网络社交工具和应用程序辅助日语教学

教师可以通过微信群、QQ 群等网络社交工具，加强与学生的沟通，针对学生提出的问题，实时给学生提供帮助，利用电子邮箱、微信等接收和批改作业。比如，可以让学生阅读和背诵已学文章，通过录语音的形式发送给教师。可以在微信里订阅公众号，如日语学习网、日漫日语学习等，这些公众号里有文本、图片和音频，内容包含日本文化、日本生活等。这些公众号可以帮助学生沉浸在日语环境中，不仅能提高学生学习日语的兴趣，也能拓展学生的课外知识。

教师还可以充分利用网络上的应用程序，丰富日语教学模式。应用程序上的内容非常丰富，包括日语视频、日语文章、日语歌曲、日语新闻阅读等。经典的日语应用程序有 MOJI 词典、沪江日语词典、简单日语新闻、青空文库等。教师可根据需要选用这些应用程序以辅助教学，学生也可按照教师的指导，下载使用这些应用程序。教师还可以指导学生在手机上安装日语输入法，运用在课堂上学到的日语词汇和语法与老师或同学用日语进行沟通和交流；学生在遇到不会的单词时可使用网络词典进行查询，如 MOJI 词典、沪江日语词典。这样做不仅能巩固所学的日语单词和语法，而且可锻炼学生自主学习的能力。

第三节　教师保障

一、教师在大学日语教学中的主要角色

(一)教授者

在学习时间短、学习内容以价值观和技能知识为中心的情况下，教师作为教授者要有效发挥专家作用。大学日语语言教育具有学习期限较长、技能学习有焦点的特点，因此，特别是针对零基础的日语学习者来说，教师作为教授者的作用是不可忽视的。在以学生为中心的课堂中，教师根据学生的学习特性、学习兴趣和学习动机讲授适合学生的知识是很重要的。①

(二)计划者

没有学习经验的初学者最好先向他人学习。在这种情况下，教师要扮演好计划者的角色。教师可以根据每个学期学生需要掌握的基础知识，给学生制定一个学习大纲和学习计划。在以学生为中心的课堂，教师还应根据每个学生的学习特性、学习兴趣和学习动机对其理论学习和实践环节进行规划。例如，给视觉学习者安排更多图片学习的机会，对听觉学习者可以用说唱的方式来实践学过的知识，给语言学习者和社交学习者更多会话交流的时间，给逻辑学习者进行讨论思考的时间等。以学生为中心的教学

---

①萨如拉．大学日语线上线下混合式课程建设探索[J]．现代职业教育，2021(40)：10－11.

意味着学生拥有更多的选择权和自主权。在学习一段时间之后，学生了解了自己的需求，就可以按照自己的需求来选择合适的学习活动。教师可以引导学生按照自己的学习特性和学习需求改善学习计划。

（三）诱导者

诱导者在这里指把某些事情变得简单易懂的人。教师需要给予学生支持、指导和鼓励，这可以激发学生的学习动机，让学生进行持续性学习。教师要充当好“诱导者”的角色，给予学生不同的学习支持，为学生提供更多学习资源，让学生的学习生活变得简单，保持学生的学习热情。

（四）信息提供者

在现代化教学课堂中，学生拥有更多话语权，教师通过与学习者进行大量的交流，积极参与学生的学习过程。教师作为信息提供者在学生学习实践的过程中，应响应学生的不同需要，提供必要的信息帮助学生解决遇到的难题。因此，挖掘学生的真正需求，在大学日语教学实践活动当中，扮演好“信息提供者”的角色也是教师必须做的工作。①

二、大学日语教学中的教师配备方式

（一）传统式

传统式的教学方式主要是由中国教师担任学生的日语教师，没有配备日本外教，这种传统模式属于“理论派”。任课教师从基本理论知识讲起，学生在记忆后不断运用以达到掌握的目的。

这种教学方式能使学生的语法体系更完整，有助于学习者掌握语言结构、认识语言形式；以由浅入深、由易入难的方式对语言进行分级讲解，让学生逐渐掌握；顺应了人们认识和学习语言的客观规律。同时，这种教学方式在一定程度上是一种有效的学习语法、词汇的方式，有利于学生巩固语言知识，打好语言基础，便于教师进行教学安排。

然而，传统式的教学法也有一定的局限性。例如：易忽视口语教学，不利于培养学生的交际能力；易忽视语言教学中的文化因素，导致学生学

①朱桂荣．高校日语教师专业发展现状研究——基于反思型工作坊的质性分析[J]．日语学习与研究，2021(4)：106.

习兴趣不高。

(二)日本外教主讲、中国教师助教式

该教学方式中，由日本外教从语音部分开始讲授。考虑到学生是初学者，所以课堂配有中国老师助教。助教主要是进行讲解和翻译。这种方式从一开始就能让学生不断练习日语听力、会话，从听说入手培养学生的语言能力。该教学方式属于“经验派”范畴，主张用日语教学，创造一个完美的语言环境，尽量不使用母语教学。这种教学方式主要通过复习、模仿，达到记忆和熟练运用的目的。

这种教学方式的特点是：由于学习者从一开始接触日语时就配有日本教师，学生学习情绪高涨，学习兴趣浓厚，学生能够进入积极主动学习的状态；与传统式教学方式相比，学生的听说能力有明显提高，日语语感较强；学生通过与日本外教的接触，也可以在学习、生活当中了解日本文化和生活习惯等。

然而，在这种教学方式中也有一些不利的因素。例如：中国教师在讲课过程中不能充分发挥自身作用，只能讲述一些基础的语法知识，不利于复杂语法知识的教授。

(三)折中式

在该教学方式中，每周由中国教师和日本外教各担任一半学时。日本外教主讲时仍配有中国教师助教，这种方式是在前两种方式的基础上发展形成的。折中式的教学方法不但综合了前两种教学方式的优点，还部分弥补了前两种方法的不足之处。

这种教学方式能充分发挥日语外教的作用，利用外教的优势，营造语言氛围，使学生学习兴趣高涨，同时也能充分发挥出中国教师的作用，有效解决学生遇到的问题。通过中国教师的课堂教学，学生可以逐步掌握日语的语言结构，了解日语的语言形式，明晰学习日语的客观规律，打好日语学习的基础；通过日本教师的课堂教学，学生的日语口语能力可以得到锻炼，能培养起学生较强的日语语感，帮助学生了解更多日本文化。

三、大学日语教师信息化教学能力提升路径

已有研究指出应重塑教师信息化教学角色、衔接好线上线下“新型教

学空间”。可以考虑从以下几方面提升日语教师信息化教学能力。

(一)组团互助汲取经验，提高教育信息化意识和素养

日语教师信息化教学能力的提升首先要从意识方面做起。教育信息化经过多年发展，促进了教学模式的不断变革，人工智能的发展将有效支撑人机协同，催生强调个性化和沉浸式体验的新型教育形态。近年来由于特殊原因影响，导致线下课程开展困难，因此有部分教师认为信息化教学只是临时或过渡性手段，在思想上并没有真正地将信息化教学放在主要位置。对此，日语专业教师队伍可组团进行互助，提高信息化意识，分析每门课程信息化教学的特点，采用观摩精品信息化课程、集体备课等形式，实现资源共享，进一步提升日语专业整体信息化教学的质量。教师还应积极学习新的课程模式，如将最优质的开放教学资源引入校内辅助教学，向满足条件的学习者开放小规模限制性在线课程(SPOC)等。同时，教师要具备一定的资源搜索能力、资源下载能力、网络讨论能力等。具体而言，教师要提高信息检索和处理能力，主要包括教学资源的获取和甄别，通过技术手段对教学资源进行组合包装，并利用多种新媒体和技术手段，围绕知识点组织教学资源，寻找适合日语课程的教学资源。

(二)积极参加日语信息化教学培训，提升信息化教学管理能力

近年来，政府和教育主管部门加大了对网络硬件建设的投入，提供了可以满足线上教学需求的高速移动网络，而学校层面则引进了优质信息化教学平台，开展了多项提升教师信息化教学能力的相关培训。高校应分层分类开展系统化培训，助力教师信息素养提升，强化内在驱动力。在网络时代，日语教师可以积极参加日语信息化教学培训，如高等学校日语专业核心课程教学理念与实践研修、超星学习通等教学平台的应用技巧讲座等。①

(三)完善教师信息化教学考核评价体系

完善日语教师信息化教学考评体系应从以下三个方面着手。首先，根据日语教学任务的不同，设计不同的考核环节，尤其要重视对日常信息化

①叶晶晶．基于学生视角的日语教师在线教学能力提升研究[J]．创新创业理论研究与实践，2023，6(1)：15.

教学水平的考察，定期开展信息化教学任务检查，保障教师能按固定要求开展信息化教学实践，真正发挥信息化教育的作用。其次，地方政府机构应联合教育部门制定和完善教师信息化教学考核执行标准，根据信息化教育发展需求调整教师信息化教学考核规范，进一步实现教师信息化教学能力考核与时俱进，以时代发展为导向确保教育考评机制的科学应用。最后，院校方面应不断针对教师信息化教学能力考评结果做好教学培训指导，利用外部信息化教育资源的引入，帮助教师更好地提升信息化教学能力，使教师信息化教学能力提升能基于教学考评机制的完善形成完整闭环。

参考文献

阿依努尔．翻转课堂下的日语教学模式初探[J]．试题与研究，2020(32)．

白美云，杨育清，田添禾．二外日语慕课学习成效研究与发展建议[J]．中国教育信息化，2021(2)．

曾凌云．浅谈慕课背景下的高校日语课程国际化改革[J]．长江丛刊，2021(6)．

陈佳．移动学习环境下创客式日语口语教学的可行性研究[J]．中外企业家，2020(1)．

陈晓凤．网络资源在高中日语阅读教学中的应用研究[J]．读与写，2021，18(36)．

初子墨．微信公众平台在大学日语教学的辅助应用模式分析[J]．新闻传播，2020(18)．

崔志钰．追寻积极的教与学：积极课堂教学范式建构的实证研究[M]．苏州：苏州大学出版社，2020．

翟文颖．超星学习通在日语教学中的应用研究[J]．现代职业教育，2022(17)．

高芳．教育技术实用与协同创新的多元化发展[M]．延吉：延边大学出版社，2020．

高逸群．翻转课堂在高校基础日语教学中的应用[J]．科技资讯，2021，19(27)．

顾颖周．日语网络资源在大学生日语教学中的应用探析[J]．文化创新比较研究，2021，5(5)．

郭春晖．日语翻译教学中翻转课堂有效性探讨[J]．现代交际，2020(24)．

郭剑楠．浅谈大学日语教学与跨文化交际能力的培养[J]．山西青年，2020(1)．

姜红梅．师生协同教学研究[J]．科教导刊(电子版)，2020(21)．

赖纪海．智慧课堂教学设计探究[J]．教师博览，2023(3)．

李逢庆，王政，尹苗．智慧课堂的嬗变与趋向[J]．现代教育技术，2021，31(9)．

李海波，许小媛，张露．基于微信的移动学习活动设计与实践[J]．创新创业理论研究与实践，2023(11)．

李佳川．融合现代信息技术的教学管理工作创新[J]．陕西教育(高教)，2022(6)．

刘伟，丰孜轩．信息技术与课程整合的理念与策略[J]．新教育时代电子杂志(教师版)，2023(6)．

刘岩，王岭，王晓民．基于“蓝墨云班课”平台的混合式教学模式改革探究[J]．交通科技与管理，2021(7)．

刘英．多媒体技术与虚拟现实[M]．武汉：武汉大学出版社，2021．

刘长远，翟红华．基于雨课堂的商务日语函电项目化教学模式研究[J]．教育现代化，2021(59)．

罗春霞，邓小荣．高校日语阅读课程教学中移动终端的应用[J]．广西教育，2020(7)．

苗欣，张晓娜．基于手机 APP 移动学习平台的高职日语教学模式研究[J]．教育教学论坛，2020(40)．

乜勇．实用教育技术[M]．西安：陕西师范大学出版总社有限公司，2020．

潘丽萍，安书慧．“互联网＋”背景下高校日语课程多元化教学模式探究[J]．大学，2021(11)．

钱燕军，裘春艳．合作学习再探[J]．文教资料，2022(21)．

冉秀．新时代《日本文学史》课程线上教学新模式探索[J]．佳木斯职业学院学报，2020(12)．

萨如拉．大学日语线上线下混合式课程建设探索[J]．现代职业教育，2021(40)．

沈小东，李胜波，庄春龙．互联网教学资源分类及应用策略研究[J]．中国教育信息化，2021(11)．

施霞．“以学生为中心”的大学日语教学改革探究[J]．现代职业教育，2023(21)．

史妍妍．基于移动学习终端的日语教学模式的研究与探讨[J]．黑龙江科学，2018(21).

田树林．在融合和变革中前行[M]．北京：光明日报出版社，2021.

铁玉霞．基于建构主义支架理论的日语基础写作教学设计[J]．学园，2023(8).

王保中．本真学习的构想兼议代表性典型学习理论[M]．哈尔滨：哈尔滨出版社，2021.

王超，李美花．利用网络资源学习日语的现状及分析[J]．现代职业教育，2020(1).

王丽莉．翻转课堂课前自主学习效果及影响因素[J]．长春师范大学学报，2021，40(9).

王玲，温勇．教育信息化与大学课堂教学改革[J]．教育教学论坛，2020(40).

王满．新文科背景下慕课混合式教学模式探讨——以高校日语教学为例[J]．新课程研究，2022(6).

王婷婷，赵静．中国古代文学在当代的价值与功能研究[M]．北京：中国商业出版社，2021.

王杨，蒋巍，门妍君，等．虚拟现实协同创新在线教育[J]．信息记录材料，2020(3).

吴江渝，张程程，付艳锋，杨晨晨．基于数字化课程中心的教育信息化改革与实践[J]．教育现代化，2021(20).

肖东娟．应用型高校大学日语教学现状调查研究[J]．牡丹江教育学院学报，2021(6).

许元政．高校智慧课堂本质的思考[J]．文教资料，2022(18).

岩吉龙．学校教育信息化发展的三条路径[J]．甘肃教育，2022(9).

颜枫．高校文化育人理论与实践创新研究[M]．长春：吉林人民出版社，2021.

杨璐璐，李嵘剑．探析项目教学法在民航英语视听说课程中的应用[J]．文教资料，2020(30).

杨俏村．浅析商务日语专业教学的改善策略[J]．作家天地，2021(11).

杨晓飞，聂凯．高校信息技术与课程教学融合研究[M]．长春：吉林人民出版社，2020.
叶蔼瑜．基于“超星学习通”的高职院校日语任选课教学模式的改革与探索[J]．广东教育，2021(7).
叶晶晶．基于学生视角的日语教师在线教学能力提升研究[J]．创新创业理论研究与实践，2023，6(1).
叶荣根．教育信息化需要教师走向现代化[J]．江苏教育，2022(20).
余静颖．日语写作教师在合作学习中的身份转变及适应[J]．长江丛刊，2021(5).
袁琳艳．二语习得视域下的大学日语教学策略探究[J]．科教导刊，2021(25).
赵涯．基于儿童生活的小学英语教学实践探究[M]．杭州：浙江工商大学出版社，2021.
赵占香．“以学生为中心”的高效课堂教学研究与实践[J]．山西青年，2023(13).
郑慧娜．基于翻转课堂的日语微课教学设计[J]．科技视界，2020(32).
郑珠，包文艳．回归原点——教育信息化问题的思考[J]．内蒙古师范大学学报(教育科学版)，2022(2).
周鑫燚，王慧．大学智慧课堂[M]．成都：四川教育出版社，2022.
周玥瑶．实验课堂的体验式教学[J]．小学科学，2023(15).
朱桂荣．高校日语教师专业发展现状研究——基于反思型工作坊的质性分析[J]．日语学习与研究，2021(4).
朱锦龙．智慧教学平台建设与智慧课堂教学模式研究[M]．长春：吉林文史出版社，2021.